JN186833

すてた
もんじゃない

越川弘英
Koshikawa Hirohide

同志社大学チャペル・アワー・メッセージ

キリスト新聞社

目　次

良心の由来するところ …………………………………… 3
JR 福知山線脱線事故から１カ月を覚えて

殺してはならない ………………………………………20
「良心教育」の限界？

献　　　身 …………………………………………………30
「総員死方用意」

人は何によって生きるか …………………………………42
「現実でも一人、ネットでも一人」

クリスマスとインマヌエル ………………………………54
「神は我々と共におられる」

諸学校の建学の精神を学ぶ ………………………………64
キリスト教主義の特色とは何か

「いくらなんでも缶」の時代 ……………………………75
人が人になるプロセス

あなたが遠くまで歩きたいならば ………………………82
ひとりよりもふたりが良い

「一路白頭ニ至ル」 ………………………………………87
留岡幸助とキリスト教

i

「だめだこりゃ」と「これでいいのだ」 ……………98
神のふたつの顔

God Bye in Peace ……………… 104
「安心して行きなさい」

「しかし、今すぐにではなく」 ……………… 116
アウグスティヌスの『告白』から

まだ行ったことのない所がある
まだ会ったことのない人がいる ……………… 126
イエスとサマリアの女

デモーニッシュな力 ……………… 131
「悪魔って本当にいるんですよ」

ドリカムの世界 ……………… 137
クリスマスは夢を見る期節

「もしそれでもだめなら」 ……………… 144
執り成しとゆるしのもとで

ヘイトスピーチと隣人愛 ……………… 153
顔と顔を合わせて

すてたもんじゃない ……………… 162
「人間のクズ」

岸本能武太君のこと ………………………………… 168
「同志社は私の為に建てられた」

「日本を〈戦前に〉取り戻す」……ってか？ ………… 176
「剣を取る者は皆、剣で滅びる」

愛によって互いに仕えなさい ……………………… 183
共感する力、想像する力

道はひとつではない ………………………………… 191
「さまざまな道に立って、眺めよ」

平和と安全への道、ただし戦争経由 ……………… 200
世界に冠たる日本ブランド

あとがき ……………………………………………… 207

良心の由来するところ
JR福知山線脱線事故から1カ月を覚えて
出エジプト記20章13節、ルカによる福音書10章25～37節

「殺してはならない。」 （出エジプト記20章13節）

「『さて、あなたはこの三人の中で、だれが追いはぎに襲われた人の隣人になったと思うか。』律法の専門家は言った。『その人を助けた人です。』そこで、イエスは言われた。『行って、あなたも同じようにしなさい。』」 （ルカによる福音書10章36～37節）

青空チャペルにて

おはようございます。本日、私たちはJR西日本・福知山線の脱線事故からちょうど1カ月を経て、それを覚え、また祈りを合わせるために、このようにして集まっています。

この間には107人の方の命が失われ、四百数十名余りの方が病院に入院しておられました。私たち同志社大学においても、3人の学生がこの事故で命を奪われ、当初24人の学生が入院し、今なお退院に至らない人々もいるという状況です。回復してキャンパスに戻ってきた人もおりますけれども、なお心に傷を負ったまま日々を送っている学生は何人もいると思います。また犠牲者のご家族や友人たちの感じたショックや痛みも癒されるに至ってはおらず、それどころかさらに深まり、広まりつつあ

るように思います。そういった状況が今日なお続いているのです。

　この事件の直後から、テレビや新聞、その他さまざまな報道によって、私たちが今まで経験したことのないことがこの学校に起こったという驚きに包まれてきました。同時に、ただちに事件の現場へ駆けつけた教職員をはじめ、入院した学生たちへの訪問や安否の確認から始まり、さまざまな形で試行錯誤しながら、この事件への対応をしてきたと思います。１カ月を経ようとしている中で、今週月曜日からはカウンセリングセンターを中心に、個々の学生へのケアをする態勢もできあがってきました。この間の多くの方々の努力を見るにつけ、学校として、あるいはひとりひとりの教員、職員、学生として、どこまで充分なことができたのか客観的にはよく分かりませんけれども、しかし私たちのできる範囲の中である程度の対応をしてきたように思います。

　こうした対応の一環として、キリスト教文化センターではこの事件を覚えて５月いっぱい臨時の祈祷会として「祈りと黙想の集い」を行ってきました。京田辺キャンパスとこの今出川キャンパスで、月曜日から金曜日までのランチタイムに祈りの時間を設けたのですが、こうした試みというのは、私の知る限り、同志社ではかつてなかったことではないかと思います。この集いに学生の皆さんをはじめ、教員、職員、さらに地域の方々が

参加してくださり、共にお祈りを捧げてくださいました。先生方の中には自分からその祈祷会の司会を申し出てくださった方もありました。正直なところ、両校地で毎日お祈りの会を持つということが果たして最後までできるものかどうかという思いを持ったこともありましたが、幸いなことにこうした協力や参加を得て、今日まで続けてくることができました。ちょうど今、京田辺キャンパスでも、青空チャペルでこのチャペル・アワーの時間を同時に守っていることと思います。

　さて、その青空チャペルで私も何度か司式を担当し、お祈りを捧げてまいりましたが、5月ということもあり、とくに今年は不思議なほど良い天気に恵まれました。非常に爽やかな気候で、きらきら輝く太陽がちょうど青空チャペルの木々の緑を通して差し込んでくる。風に吹かれて葉がそよぎ、私たちの上にはちょうどいい感じで木陰が覆っている。とても恵まれた環境のもとで集いを持ち続けることができました。

　祈りの前にはオルガニストの方が前奏曲を弾いてくれます。そのオルガンの曲を聴きながら、そこに座っていると、青空チャペルの正面、木々の向こう側に京田辺キャンパスの正門が見えるのです。ちょうどランチタイムですから、2講時の終わった学生たちが知真館やその他の校舎から出てきて、その門を通って帰っていく姿が見えます。また3講時に出席するために学生たちがその門から続々と入って来ます。そうした様子を見る

ともなく見ておりました。この正門をくぐって行き来する学生たち、キャンパスの中を行き交うたくさんの学生たち、何百何千という学生がわずか数十分の間に私の目の前の空間を行き来するのです。それを見ていて、ふと思ったことは、事故で命を奪われた学生たちがここを歩むことはもう二度とないのだということでした。たいへん気持ちのいい季節の中で、元気に歩んでいく学生たちを見ていて、そんな当然のことを、逆に非常に印象深く感じたことを覚えております。

命は大切

今日、司会をしていただいている鈴木直人先生は、同志社の校祖である新島襄の「一人は大切である」という言葉をしばしば引用されることがあります。ご承知のように、この言葉は、新島の外遊中、学内で問題を起こした数名の学生が退学させられた後、帰国した新島がそれを知り、同志社創立十周年の記念の場で語った言葉であるといいます。退学させられた学生を惜しみ、その前途を憂いつつ、学生ひとりひとりを大切にしていく同志社教育のあり方を示した言葉として、新島はこの言葉を残したのだと思います。

青空チャペルで、行き交う学生たちを眺めながら、私はこの「一人は大切である」という言葉を、少し別の意味で思い起こ

していました。退学させられた学生であれば、あるいはその後
再び同志社を訪れ、学校の地を踏んだ者はあったかもしれませ
ん。しかし、命を奪われた者はふたたびこのキャンパスを歩く
ことはありません。その人たちは皆、今春、同志社に入学した
ばかりの学生たちだったのですが、もはやあの門をくぐること
はないのです。

　失われた命のひとつひとつに失われた未来があり、失われた
希望があり、失われた夢があるのです。死がそうした未来や希
望や夢を奪い取っていく。ことにそうした死が今回の事故のよ
うに予期せぬ形で起こる場合、私たちの上には失われたものの
大きさ、苦しさ、不条理さがことさらに重く辛く覆いかぶさっ
てきます。「なぜそんなことが起きるのか、起きていいのか」
ということを私たちは問います。そして、それに対するはっき
りとした答えは出てきません。

　ただ、答えは出てこないとしても、こうした出来事を通して、
私たちにはいくつかの大事なことが分かってきます。そうした
大事なことの多くは、実は単純なことです。しかしほんとうに
大事なことを、私たちは往々にしてそれが失われた後になって
知るのです。

　この事故が起こった後、その青空チャペルの場に座りながら
私が感じたこと、大事なことのひとつはこういうことです。「命
は大切だ。」命は私たちにとって大切なものだ。時間的な効率

よりも目先の利益よりも、一人の命は大切だ。

　ほんとうに単純きわまりないことですが、「命は大切」、そして「殺すよりも生かす方がいい」ということを思ったのです。それは先ほどお読みいただいた旧約聖書の言葉にもあるように、「殺してはならない」（出エジプト記20・13）ということであり、今から3000年以上も前の人々ですら知っており、今まで語り継がれてきた、そういうとても単純なことであります。

事故の背後にあるもの

　あの事故から1カ月を経てもなお、突然の喪失感や混乱した思い、さまざまな形の問いは私たちの間に消えることなく残っています。それどころか、先ほども言いましたように、近しい方々の中ではさらにそうしたものが深まり、重くなり、あるいは沈潜し、いつどこでそうしたものがほんとうに癒されることになるのか、私たちには分かりません。しかしまた同時に、1カ月を経て、私たちはこの問題について「考える」という作業を、やはり始めていかなければならない時期を迎えているようにも思います。今まで祈りつづけてきて、私たちは沈黙の中でこの出来事を見つめ、この事件をなんとか受けとめようとしてきました。今から私たちは「この問題は一体何だったのか？」「私たちにとってこの事件はどういう意味があるのか？」とい

うことを考え、新たな次元でこの出来事に立ち向かうべき時期を迎えつつあるように思います。

　この１カ月の間に、事件の顛末や原因、その背景についていろいろなことが報道されてきました。事故の前後に何が起こったか。列車はどんな状況で事故に立ち至ったか。あの運転手はなぜあのような事故を引き起こしたのか。彼の生い立ちや経歴、人柄、そしてJR西日本の中での立場、彼のこれまでのいろいろな行動や、おそらく彼が感じていたかもしれない思いに至るまで、想像をもまじえつつ、私たちは詳しく知らされてきました。事故が起こった直後、近くの地域の人たちが仕事を投げ出して救出に協力した話も私たちは知らされました。他方、同じ列車に乗り合わせていたJR西日本の職員が、自分の勤務先に時間以内に行き着くためにそこを立ち去ったということも私たちは知らされています。この事件の後、頻繁にレールに置き石が置かれるようになったこととか、列車妨害をするような事件が起こったということも私たちは聞いています。この事故を通して、いろいろな人々がそれに関わり、いろいろな場面、いろいろな形で、それぞれの人間の生き方、人間の姿があらわになったという事実を、こうした報道は伝えております。

　たぶん少しでも聖書を読んだことのある人であれば、今も申しました、事件直後に自分の仕事を優先してその場を立ち去った人々と、自分の仕事を投げ出して協力した人々の姿を聞いた

とき、先ほどお読みいただいたルカ福音書の「善いサマリア人の話」を思い出したことと思います。自分の会社の引き起こした事故でありながら去っていった人と、自分には関係ないけれども助けようとした人。聖書の話はけっして昔々の物語ではないということをあらためて思いました。

さて、この事件の渦中にあって、事故を引き起こした運転手、犠牲となった人々、立ち去った人々、残って助けた人々など、さまざまな人間の姿が現れ出たわけですけれども、さらにこの事件を考えていくとき、当然ながら、その背後にある構造とか問題も浮かび上ってきました。さまざまな報道を通じて、JR西日本という会社の体質や制度、その幹部や責任者たちの姿が明らかにされてきました。事故原因をめぐって、責任逃れと言われてもしょうがない対応を取ったこと、「日勤教育」という「教育」というよりは「いじめ」に近い形で社員に対処するやり方が行われていたこと、そして何よりもスピードに象徴される効率と利益を優先する論理が横行していたこと……。

あえて言えば、自分の会社の社員の人格を軽んじ、その尊厳を認めない組織、人間を能力と効率だけで計る制度のもとにある会社が乗客の命だけを大切にするということはありえないことのように思います。自分たちにいちばん近しい人間を大切にしない組織は、必ずその周囲の人々にも同じような関わり方をすることになるのではないでしょうか。

私は牧師ですが、人間は本来とても弱いものだと思っています。そう思わないという方もおられるかもしれませんが、私は自分自身も含めて人間は非常に弱い生き物だと思っています。人間は周囲からの影響を受けやすい存在です。善悪の判断においても、いちばん基本的な判断においても、私たちは容易に外部からの影響を受けて、白を黒であり、黒を白であるかのように逆転させてしまったり、間違った判断をくだして行動したりすることがあると思っています。

　そして、私たちのそうした判断や行動にもっとも大きな影響を与えるものが、往々にして、私たちにいちばん近い人々との関係ではないかと考えています。私たちは人生を生きる上での基本的な価値観とか判断基準を、意識するとしないとに関わらず、生まれた時から関わってきた身近な人々、家族とか友人、さまざまな人間関係から受け、そうしたものを自分の価値観や判断基準に取り込んで生きています。おそらく、学生の皆さんであれば、学校内外の友人たち、サークルやゼミの仲間、そして学校の先生などがそれにあたるでしょうし、やがて就職してからは自分が働く会社や組織、その中のとくに直接的な人間関係が皆さんの価値観や判断基準に大きな影響を与えていくことになるだろうと思うのです。

　そういうことから言えば、事故を引き起こした運転手もまた、彼の育ってきた環境やJR西日本という組織の中で特定の価値

観や判断基準を身につけていた人だったのでしょう。おそらく彼も先ほどお話しした人間としてのもっとも基本的なルール、「殺してはならない」というルールを知っていたはずです。「殺すよりも生かす方がいい」という基本的なルールを知っていたはずです。しかし、それにもまして、おそらくあの時の彼を縛り、彼の行動を決定づけたものは、そうした基本的なルールとは別のもうひとつのルール、すなわち「遅れてはならない」というルールだったのではないかと思います。3000 年以上も前から人間が知っていたルールではなく、会社のルール、組織のルールがより強い声として彼に働きかけ、出してはいけないスピードを出してはいけないところで出し、やってはいけないことをやってはいけない時にやってしまったことによって、あのような取り返しのつかない結果が生じたのです。

　聖書の中には時々、「悪魔」とか「悪霊」という言葉が出てきます。現代人である私たちはそうした表現を迷信的なものとしてとらえがちですが、しかし現実の世界を見るときに、人間を文字通り悪魔的な行動に駆り立てる力がたしかに存在し、破滅的な猛威をふるうことがあるという事実を私たちは今回の事件から知ることができるかもしれません。ひとりの人間をそのような行動に駆り立てて大きな破滅をもたらすような、人間の命や人格を軽んじる価値観や組織、制度といったものは、どこか遠くにある異常なものというわけではなく、私たちのすぐそ

ばに日常的に存在しているのです。あえて言えば、JR西日本だけが悪魔的な会社だということは誰にも言えない。あの運転手だけが悪魔的だったということは誰にも言えない。私たちの社会や世界のあちこちに、同質同様の問題が日常的に転がっているのではないでしょうか。私は今回の事故を通してそういうことも強く思わされました。

サマリア人と「良心」

　ここで聖書に戻りたいと思います。先ほどのサマリア人の物語ですが、サマリア人というのはユダヤ人と対立していた人々です。そうしたユダヤ人のひとりが盗賊に襲われ傷ついた時、同じユダヤ人仲間の宗教家たちはこの人を無視して通り過ぎていったといいます。ところが、本来は対立しているサマリア人がこの傷ついた男を助けたというのが、この物語のポイントです。

　彼を動かした動機はごく単純です。その理由はたった一言、「その人を見て憐れに思ったからだ」「かわいそうに思ったからだ」としか書かれていません。それで彼は行動するのです。憐れみ、同情心、共感、あるいはこれを「良心」というふうに言い換えてもいいかもしれません。そう言い換えるとすれば、この「善いサマリア人の物語」と呼ばれるイエス・キリストのた

とえ話とは「良心の物語」であり、そして私たち同志社にいる者からすれば、新島襄の言葉として繰り返し語りつづけられてきた「良心の全身に充満した人間の物語」であるとも言えるだろうと思います。

ここで考えてみたいことは、「それでは、その良心はいったいどこから来たのか」という問題です。良心の由来するところです。彼は生まれつき良心に満ちた人間だったのか、同情心に満ち共感力に満ち、非常によくできた人間だったのでしょうか。またこのサマリア人と先ほどの運転手を比べるなら、2人の間にはもともと決定的な違いがあったのでしょうか。一方は天使のような人間であり、他方は悪魔的な人間だったのでしょうか。事故の直後に現場を立ち去った人々と、仕事を放り出して救援活動をした人々の場合も、もともと一方は悪魔で他方は天使のような人間だったのでしょうか。私にはそうは思えません。

私はこんな想像をいたします。このサマリア人が、傷ついた人になぜそれだけ同情心を寄せたのか、良心を持って行動できたのか。それは恐らく、このサマリア人が子どもの頃から育てられてきた環境、彼の両親や兄弟や家族、友人たちや身近な人々から成る世界の中で、そういうルールを教える人々、そうしたことを身をもって示した人々、モデルとなったような人々に取り巻かれていたからではなかったのか、と思うのです。人が傷つき倒れていたら、血だらけになって助けを求めていたら、そ

のような場合、そのように振る舞うのが当然だ。それが人間ら
しい行動というものだ……。それを単なる言葉ではなく、身近
な人々の行動を通し、いろいろな出会いや体験を通して、教え
知らされていく時、ひとりの人間の中にそうした倫理的なもの、
良心というものが形づくられていくのではないかと、私は思う
のです。

　土壇場になったら私たち人間は何をやるか分からない面を持
っているというのは事実だと思います。しかし、そうした時に
もこのサマリア人は良心に基づく行動をとったのです。彼がそ
うした行動をとったということは、ただ彼一個の問題というだ
けでなく、その背後には、おそらく今申しましたように、彼を
支えたたくさんの人々、彼をそのように育ててきた人々、人間
らしい生き方を目ざす人々の思いが横たわっていたのではない
か。私はそのように想像します。

　傷つき血だらけになって助けを求めている人がそこにいる時、
「遅れてはならない」なのか、「殺してはならない」なのか、こ
れをしっかりと判断し、行動できる人間とならなければなりま
せん。状況と場面は異なったとしても、私たちが人生を歩んで
いく中で、そのような重大な課題に直面することがないとは誰
にも言えないのです。

　このような基本的でいちばん重要なルール、そしてそれを実
践へと導く、人間として人間に対して感じる憐れみ、共感、良

心……。こうしたものを常に温め、いざという時それに従って行動することのできる人間。そのような人間となるために私たちは自分自身を教育し、またお互いを育て合いたいと思うのです。

私たちの課題

　さてしかし、私がこのようなことを言っていられるのは、大学の中にいるからだと言われるかもしれません。一般社会に出ていったなら、「おまえは何を甘いことを言っているのか、きれいごとを言っているのか」「効率と実績、利益が第一なんだ、それが現実の世界なんだ」と言う人のほうがおそらく多いことでありましょう。私たちが生きている現代の社会は非常に複雑であるだけでなく、経済的な側面が異常に突出し、弱肉強食の非人間的な要素がまかり通る社会であり、また暴力的な一面も持っている社会です。会社や身近な組織の命令が、法律や憲法、良心や倫理といったものよりも、私たちの上に重くのしかかり、一挙手一投足を縛り付けるということも、決してないとは言えません。そしてそれに逆らうことが、私たちにとってとてつもない不利益を生むことが起こる場合もあるのです。理想を口にするのはたやすく、現実の中でそれを実践することは困難です。
　今まで申しあげてきたようなことを、大学という「安全な場

所」で、チャペル・アワーという「安全な時間」だから、お前はそんなことが言えるのだ、と批判されたとしたら、私としても反論することは困難です。実際、いざその場になってみたら、私も「遅れてはならない」というルールに身を委ねてしまうかも知れないし、一番最初にその場を立ち去る人間になってしまうかも知れません。

しかし、だからこそあえて言いたいことは、私たちは今こういうふうな安全な場所にいる時にこそ、こういう時間がまだあるうちにこそ、このような話を語り合い、分かち合い、確認し合わなければならないということです。土壇場のような場面が私たちの目の前に突然立ち現れてくる前に、繰り返し繰り返し私たちは基本的なルールを思い起こし、教え合い、そしてそれによって生きようという志を共有するものとなっていかなければならないのです。

先ほど、あのサマリア人の行動を支えたもの、良心の由来するところは、彼の身近にいた人々からの影響であり、彼らと共有していた価値観だったのではないかと申しました。言い換えれば、私たちの身近なところにいる仲間、コミュニティこそが、私たちを支えるのです。ひとりひとりは大変に弱く、過ちに陥りやすく、流されやすい私たちが、時代と社会の荒ぶる波風の中で何とか踏み止まるためには、私たちと同じように、より基本的なルールを生きることが大事だと考える、そういう仲間が

いること、また「そういう仲間がいることを知っている」ということが、とても大きな意味を持っているのです。世間がどうであれ、あるいは特定の組織や制度がどうであれ、これだけは譲ってはならないという基本的なルールを知っていること、忘れないこと、そしてそれにしがみつくこと、そういう力を私たちに与え、共にそうした生き方を志す仲間やコミュニティが私たちには必要なのです。

　たとえばキリスト教というものは、まさにそうしたものを目指そうとして生まれてきたコミュニティでした。そして、そのキリスト教を精神的な土台として建てられているこの同志社も、そういうコミュニティのひとつであると言えるでしょう。本来、そのような形の良心に導かれた生き方を志し、その志に結ばれることによって私たちの学園は作られてきたのだと思いますし、また、そうあるべきだと思います。同志社は今年、創立130年を迎えますが、そういう意味でのコミュニティとして私たちがどこまでやってこれたのか、きちんと見つめていかなければなりません。

　今日、最初に申しあげたように、この事故によって失われた命、失われた未来、失われた希望、失われた夢、その他失われた多くのものは再び取り返すことができません。これは厳然たる事実です。この事件のもとで、私たちがまず最初になすべきことは、この失われたものの大きさを心に刻み、悼み、犠牲者

とご遺族・関係者の方々に神からの慰めと支えを祈り求めることでありました。そして、失われた人々のことを私たちが忘れないという思いの確認でありました。さらにこれらのことに加えて、私たちが今これからなすべきことがあるとすれば、この悲劇を契機として、犠牲となった人々も含めて、この同志社というコミュニティの志、良心に基づいた生き方を想起し、私たちの世界に求められている本当に大事なもの、基本的なルールを大切にする思いを確認し、そのために前進していくことでありましょう。

　亡くなった方々の魂の平安をお祈りすると共に、この悲劇を忘れることなく、私たちひとりひとり、また学校全体で、この出来事を受けとめていきたいと思います。

（2005 年 5 月 25 日）

殺してはならない
「良心教育」の限界？

出エジプト記 20 章 13 節、ローマの信徒への手紙 1 章 18 〜 32 節

「殺してはならない。」　　　　　　　（出エジプト記 20 章 13 節）

「彼らは神を認めようとしなかったので、神は彼らを無価値な思いに渡され、そのため、彼らはしてはならないことをするようになりました。」
　　　　　　　　　　　　　　（ローマの信徒への手紙 1 章 28 節）

2005年12月10日の事件

　同志社のクリスマス・ツリーが消えたことにお気づきでしょうか。

　12 月 10 日の夜から、今出川だけでなく京田辺キャンパスでも大学のツリーの光が消えています。そして今では同志社につらなるすべての中学・高校、そして女子大でも、クリスマス・ツリーの光が消えています。12 月 10 日に起こった事件を覚えて、哀悼の意を表すためです。

　この事件についてはもう皆さんもご存知のことと思いますが、あらためて新聞記事から要約すると、12 月 10 日午前 9 時過ぎ、宇治市にある学習塾で、塾のアルバイト講師A（23 歳）が、小学校六年生のBさん（12 歳）の首や胸、数カ所を包丁で刺すなどして殺害しました。このアルバイトの講師は同志社大学

の現役の学生でありました。

　私たちはまず、亡くなったBさん、そしてご家族の上に、神さまの慰めがあることを共に祈りたいと思います。

　ところで、本論からは少し外れますが、私はツリーの光を消すことには必ずしも賛成ではないということを最初に申し上げておきます。クリスマスという出来事が、今回の事件で私たちが経験した、肌寒いような、そして信じられないような問題の多い人間世界、そうした真っ暗闇の中に救い主イエス・キリストが来られたことを記念する出来事であり、その象徴がクリスマス・ツリーの光であるならば、私たちはむしろこういう時にこそ、ツリーの灯りを輝かすべきであると思います。

　ともあれそうしたことをひとまず措くとして、今年、クリスマス・ツリーの光が失われている中で、その光の意味を考えることも、たしかにひとつの意義ある経験かも知れません。

　新聞報道によれば、今回の事件は計画的なかたちで引き起こされたと思わせる要素がいくつもあると言います。23歳の男が12歳の少女を刺すつもりで包丁を買い、意図的にふたりだけの閉鎖的な状態を造り出し、その命を奪うという出来事であったようです。子どもからすればそばには誰も助けてくれる人がいない、逃げる場所もない、その中で圧倒的な暴力にさらされ、追いつめられ、刺される……。あるいは何が起こったのかも分からないままで、この子どもさんの命は奪われたのかも知

れません。

「殺してはならない」

今日最初に読んでいただいた聖書の言葉は「殺してはならない」でした。出エジプト記に出てくる有名な「十戒」のひとつです。

今年、私がこの聖句をチャペル・アワーで取り上げるのは二回目です。最初は5月25日のことでした。それはあのJR西日本・福知山線の脱線事故からちょうど1カ月後の水曜日のチャペル・アワーの奨励を担当したときです。この聖句を読み、命のかけがえのなさを考えました。そして効率や利益ばかりを追求する私たちの社会や価値観、そしてその中に潜んでいる悪魔的な力が107人の命を奪い、500人以上の人々を傷つけることになったのではないかという話をいたしました。

それから半年あまり後、また同じ聖句を取り上げなければならなくなりました。しかしある意味で、私たちにとって、今回の問題は春の事件にもまさって深刻です。この事件は、学生である皆さんにとっても大きなショックだったと思いますが、それにもまして同志社で働く教職員にとって、自分たちの働きの根幹に関わる問題として重く受けとめなければならない出来事だったからです。

12月10日に出された八田英二学長の緊急声明の中に、「130年の歴史の中で、過去に例のない事件であり、『人ひとりを大切に』してきた同志社大学として、大変重く受けとめており、慚愧の念に耐えません。（中略）今一度、足元より見つめ直し、一人ひとりの学生に対し、大学としてできる限りの取り組みをして参りたいと存じます」とありました。

　事件を起こした学生についてはいろいろな報道がなされています。一昨年、彼は学内で不祥事を起こし、今年3月末まで停学処分を受けていました。復学した同じ年に、この事件が起こったことになります。こういう背景を振り返って、「この学生だけが特別なのだ」「この学生だけがおかしいんだ」と言いたくなる方もあるかも知れません。しかし私たちにはそういう言い方をすることは許されないだろうと思います。

　同志社はこの学生の入学を認め、進級させ、停学処分に処したとは言え、なおその復学を認め、同志社の一員であること、「私たちの仲間」であることを認めてきました。そうである以上、こうした結果が生じた今となって、私たちが知らん顔ですませるわけにはいきません。

　「仲間」というのは都合のいいときだけの関係ではありません。とんでもない事件を引き起こし、それによってとんでもない結果や影響を私たちが被らざるを得なくなったとしても、なお彼が同志社における「仲間」であることは否定できない事実であ

ることを、私たちは覚えておきたいと思います。

「良心」教育の限界？

今日のメッセージに「『良心教育』の限界？」という副題を
つけました。同志社の教育にはいくつかの柱があります。たと
えばキリスト教主義教育であり、国際主義教育であり、自由主
義教育という柱です。それを同志社独自のひとつの言葉で言い
表すとすれば、その核にあるものは、新島襄の言葉に由来する
「良心教育」であると言えましょう。「良心の全身に充満したる
丈夫の起り来らんことを」という良心碑に刻まれた言葉を私た
ちはいつも見聞きしてきました。

良心のある人は、人を殺すことはしないでしょう。盗むこと
もしないでしょう。偽りを言って人をだますこともないでしょ
う。しかし今回起こった事件は、130年前、新島が記した「良
心の全身に充満した人間」という理想からすれば、あまりにも
異様、あまりにも非常識、あまりにも想定外の出来事だったと
言えるでしょう。

130年間にわたって良心の人を育てることを揚言してきた同
志社が、在学生の中からこうした人間を生んだことは、厳しい
言い方をすれば、同志社教育の失敗を表していると言わねばな
らないのかも知れません。もしも今、新島襄が生きてここにあ

るとすれば、彼はどのようにして責任をとっただろうかということを私たちも深く考えてみたいと思います。

　私たち同志社は、この現実の中で、そしてこの現実の中から、良心の人を育てるという教育を、もう一度、やり直していかなければならない場面に立たされています。それは決して容易なことではありません。人間が一朝一夕で成長するわけではないように、日々絶え間なく積み重ねられる努力と忍耐が、学ぶ者にも教える者にも、この同志社に関わるすべての人間に求められます。「良心教育」というこの困難な課題を、今回の出来事の中から、教職員をはじめ、学生の皆さんと共にもう一度真剣に見つめ直していきたいと思うのです。

　さて私はこの「良心教育」を裏づけるもの、それを基礎づける根本にあるものこそ、キリスト教の信仰であり、神を畏れる姿勢であると考えています。

　逆説的なことを言うようですが、私の理解する限り、キリスト教では人間の「良心」というものをあまり高く評価していないように思います。すなわち生まれながらの人間がその中に「良心」なるものを持っていて、その人がそのまま素直に育っていけば、その「良心」が順調に芽生え、育ち、開花して、「全身に充満する」などという甘い見方をとらないということです。

　それと正反対に、キリスト教における生まれながらの人間の基本的なイメージは、「罪人」です。つねに悪に傾きやすく利

己的な存在、誘惑に弱く、破滅的な方向に陥りやすい存在、危うく愚かで、悲しい惨めな存在……。それが剥き出しの人間の現実の姿であるというのです。

神を知り、神を畏れる

聖書は、生まれながらの人間は、自分のためにのみ生きる存在であり、時には他人を傷つけ利用し滅ぼすこともある存在であり、翻ってはそのために自分自身も傷つけ滅ぼしてしまう存在であると告げています。先ほどお読みいただいたローマの信徒への手紙が言わんとしていることも、要するにそうした人間の現実の姿です。

一方、聖書はそれと同時に、こうした罪人としての人間の現実を正面から指摘してくださる方こそ、まことの神であると語っています。私たち人間は罪人という自分自身の剥き出しの姿に直面することを潔しとするものではありません。ただ神のみが、すなわち私たち人間を創造し、私たちを誰よりもよく知っており、そして私たちを誰よりも愛してくださっておられる神だけが、誰よりも真剣に、そして憐れみを持って、私たちの罪を指摘してくださるのであり、罪のもたらす過ちから私たちを救い出そうとして呼びかけてくださるのです。

宗教改革者のマルティン・ルターは、「神を畏れることを教

えない教育は、賢い悪魔を生み出すようなものだ」という意味の言葉を残しました。私の理解する限り、「良心教育」とは「神を知ること、畏れること」を土台として成り立つものであると考えます。また同志社の「自由教育」も、同じく「神を知ること、畏れる」ことがあって初めて成り立つものであると思います。自由もまたそれだけを取り上げて強調するならば、単なるわがままや利己主義に堕する可能性を常に秘めており、翻ってはその人自身を破滅させかねないものをその中に秘めているからです。何からの自由なのか、そして何のための自由なのか。そこにもまた「神を知り、神を畏れる」ということが深く関わっていると思うのです。

　私の思い込みと言われるかも知れませんが、新島襄が同志社の徳育の基礎にキリスト教を据えたことの意味は、やはりこうした点に懸かっていたのではないかと考えています。だからこそあの良心碑の言葉も、ほんとうは「神にあって（あるいは、神によって）良心の全身に充満したる丈夫の起り来らんことを」と読むべきものではないかと思うのです。キリスト教主義を真に活かすということは、畏れるべき方を真に畏れ、その方との関わりのもとで、良心であれ自由であれ、またその他のさまざまな才能であれ、そうしたものを培い、また発揮していくということでなくてはなりません。

　ここ数年、同志社大学は、新しい学部や学科の設立がつづき、

また来年には附属小学校の設立というふうに、まれにみる大きな変革の流れの中にあります。そして多くの新しい教職員の人たちも同志社の仲間として加わってくださっています。しかしそうした変化のもとで、学校においても効率的な経営の優先とか、文科省や企業や社会のニーズへの応答の重視とか、また学生自身もいろいろな資格の獲得や専門分野の技術や知識の習得にのみ力を入れるとかいった傾向が強くなっているように感じられる時もあります。

こうした動きをいちがいに否定するつもりはありません。しかし同志社がたんなる技術や資格を習得するための専門学校であろうとするのでなく、ましてや「賢い悪魔」を生み出すような学校に堕することなく、本気で「人を植え、人を育てる」学校、「人を傷つけ殺すのではなく、人を活かす良心の人」を育む大学であろうとするなら、そこにはおのずから私たちが失ってはならないもの、むしろ今このような時にこそよりいっそう真剣に追求し継承していかなければならないものがあることを、私たちはこの悲しい事件のただ中で、もう一度しっかり心に刻みつけなければならないと思います。神を知り、神を畏れつつ、良心の人を育てていく教育、そしてそのような学校を、もう一度私たちは共にめざして歩んでいこうではありませんか。

最後にもう一度、今回の事件で命を奪われた12歳のお子さんのことを覚え、この方の魂の上に安らぎがあるように祈りま

しょう。そして、このお子さんの死を空しいものとしないため
にも、今、同志社と私たちひとりひとりに求められていること
を真剣に受けとめ、私たちのなすべきことをそれぞれに果たし
ていきたいと思うのです。

(2005 年 12 月 13 日)

献　身
「総員死方用意」
ローマの信徒への手紙 12 章 1 節

「自分の体を神に喜ばれる聖なる生けるいけにえとして献げなさい。」　　　　　　　　　　　（ローマの信徒への手紙 12 章 1 節）

キリスト教会と子ども

　多くの教会には「教会学校」「日曜学校」、あるいは「子どもの教会」というものがあり、主に子どもたちを対象に礼拝や様々な活動を行っています。最近では少子高齢化の影響などから教会に通う子どもたちも少なくなり、こうした活動を縮小したり、活動そのものをやめるといったことも時々耳にします。しかし歴史的に見ると、明治期にアメリカなどから日本にキリスト教が伝えられて以来、こうした子ども向けの活動は長く熱心に続けられてきたものでありました。

　昨年、私は日本キリスト教協議会（教育部）という団体から、こうした日本の教会における子どもの活動、とくに礼拝や諸集会の変遷を明治から現代までまとめてほしいという依頼を受けました。昨年末から本格的に取り組みはじめ、何とかこの四月末に論文をまとめました。神学部の図書室などから古い雑誌を借りては年代ごとに目を通し、関連する事項をピックアップし

キリスト教会と子ども

て、ファイルするということを続けました。古い資料を見ていると、思いがけないところで同志社に関わる記事や写真が出ていたりして、さまざまな発見があり、面白いこと楽しいこともたくさんあったのですが、同時に現代と比べてずいぶん違和感や驚きを覚えることにも出くわしました。今日はそうした作業を通して発見したこと、考えたことの一端をお話しします。

さてこの作業の中で私が目を通した主な雑誌のひとつに日本基督教団が発行している『教師の友』というものがありました。

この日本基督教団という団体は、1941 年（昭和 16 年）6 月、つまり 12 月 8 日の真珠湾奇襲によって始まる日本の第 2 次世界大戦参戦の半年前に誕生した団体です。当時の政府は、戦争遂行の必要上、国民生活のさまざまな領域を一元的に管理し、動員しやすい体制を造り上げようとしていました。それが宗教界にまで及び、その結果、それまで多くの団体に分かれていたプロテスタント系のキリスト教会をひとつにまとめて誕生したのが、この日本基督教団です。同じキリスト教とは言っても、それぞれの教派・団体の伝統や思想、信条、組織形態などにおいて異なる部分は数多く存在し、短期間にひとつの教団を結成するのはたいへんなことでした。しかしともかく戦争との関わりの中でプロテスタントの諸教会の「大同団結」が成立したのが、この 1941 年だったのです。

この日本基督教団の中に日曜学校局という部門が置かれ、子

31

どもを対象とする教会の諸活動を担うこととなりました。その活動のひとつとして『教師の友』という月刊雑誌を発行したのです（ここでいう『教師』とは一般的な学校の教師ではなくて、日曜学校／教会学校で子どもたちに接する『教師』のことです）。この『教師の友』は日曜学校における毎月の活動のための教案誌です。今で言えば小学生から中学、そして高校の年代の子どもを中心に、一定のカリキュラムに沿って、キリスト教や聖書についての教育用資料として編集・発行されました。その資料のひとつに「説教例」が含まれていました。これは日曜日に行われる子ども礼拝の中で行われる子ども向けの「説教」（メッセージ）の模範例を牧師などが執筆したものです。

「総員死方用意」

今日、私がこの奨励の題として掲げた『献身』というのは、この『教師の友』の1944年12月号（9頁）に掲載された「説教例」のひとつのタイトルです。また先ほどお読みいただいた聖書の箇所もそこに指定されていた朗読箇所のひとつです。

1944年12月といえば、日本が無条件降伏する前年の末にあたります。戦争は相当不利な状況にまで追いやられていた時期です。そうした時代に書かれた「説教例」の一部をご紹介しましょう。

「日本国民は遠い昔から『海ゆかば水漬く屍、山ゆかば草むす屍、大君の辺にこそ死なめ……』とある歌の様に天皇陛下の御為に死ぬという覚悟を子供の時からちゃんと持っていました。『一旦緩急あらば……』何時でも大君の御為に生命を献げると云う腹をきめていました。その覚悟をちゃんと持って、日々の勉強に、働きに、力の限りを尽すのが献身です。」

この後、北条時宗と元寇の話、後醍醐天皇を助けた楠木正成の話、幕末に尊皇攘夷を唱えた吉田松陰、橋本左内、西郷南洲の話、戦争末期の神風特別攻撃隊の話など、若くして天皇と国家のために献身した人々の例を掲げ、さらに次のように記しています。

「ガダルカナルで目醒ましい働きをして、潔よく戦死を遂げた若林中隊長は『自分は此の島で死ぬ。然し自分の後に続く者のあるを信ず』と云い遺した。『後に続く者』とは誰でしょうか。」

こうした問いかけの後に、聖書における「献身」という言葉の意味についての説明が続き、君たちは神に献げられた存在であるから、神に従い、また人のために働くべきであると強調されています。そして最後に、再び最初の部分のメッセージに戻ったかのように、急転直下、次のような文章で全体が結ばれるのです。

「そうです、君達は既に皇国日本の為に献げられているの

です。神風特別攻撃隊の若桜達はいよいよ死ぬと覚悟が出来ると、益々真剣な訓練に励み黙々として玉砕する日の準備をしているといいます。私共の身も心も神と国家に献げられて居るのです。どうか生命がけで大君の為に立派な死に方が出来るようにその支度をしましょう。

　3月27日の国民座右銘に次の言葉があります。『総員死方用意』。」

　この説教例は（今で言えば）おそらく小学生の年齢の子どもたちに向けられたものだったようです。念のために申しておきますが、この雑誌には必ずしもこうした説教例ばかりが載せられているわけではありません。しかし、この時期の前後には、子どもにまで戦意高揚を促すこうした説教例がしばしば登場するということも事実なのです。

　この説教はあくまでも「例」として掲載されていたわけですから、実際に当時の日曜学校の礼拝でこの話を子どもたちにした人々がどのくらいいたのか分かりません。しかしいろいろな資料から知られる当時の状況を考えてみると、これに類する話が日本中の教会で子どもたちに語られていた可能性は十分にありえたであろうと思います。

戦前・戦中の日本と教育

　言うまでもなくこのような異常な雰囲気に包まれていたのは、キリスト教会だけのことではありません。それは当時の日本社会の隅々にまで浸透していました。たとえば、昨年秋の同志社スピリットウィークで講演していただいた岡仁詩先生のお話の中にも、そういった雰囲気を反映した部分がありました。ご承知のように岡先生は長年にわたって同志社のラグビー部を率いてこられた方であり、我が校の名誉教授ですが、こういう話をしておられます。

　「1945年8月15日に終戦の日を迎えました。それまで日本は神国。そしてアメリカ、英国は鬼畜米英であると徹底的に叩き込まれていました。ところが実は日本は帝国主義の侵略国であり、米英は民主主義、自由主義諸国であると、8月15日を境に、今まで神国日本と言っておられた方々が言われたのです。私は16歳、多感な時です、ショックでした。自決を考えました。」

　岡先生が16歳だった当時。それは空襲で人々が死んでいくのを目にする日々であり、新聞などには戦争で死んでいく軍人を賛美する声がちまたに溢れている時代でした。「戦争で死ぬ」ということが身近な現実としてあったというのです。

　「今、自爆テロと言われていますが、戦争であれば、それ

はテロとは言われないだけです。神風特攻隊は飛行機で軍艦にあたる。その方たちが軍神と崇められる。そうした状況下で死ぬということがそんなに怖いことではなくなっていました。」

岡先生はさらに続けてこう言っています。

「今から考えると世界を知らなかった。いわば思想の鎖国状態と言いますか、統制された思想の中で、『右向け右』と言われたら即座にぱっと右を向く。そして国のため、天皇のために『身命を投げ打つ』。戦時中だけでなく、戦前からの言葉です。」

キリスト教会の中で子どもたちに向けて例示された「総員死方用意」という説教。「国のため、天皇のため『身命を投げ打つ』」ことを教え、ついには「死ぬ」こと、「自決」することを怖れない少年を生み出すに至った教育。これらは戦争末期の日本の雰囲気を伝える好一対の資料であり、証言であるとは言えないでしょうか。

ひとつここで注意してほしいのは、岡先生の最後に引用した言葉、すなわちそういった思想の統制、そういった教育というのは、「戦時中だけでなく、戦前から」行われていたという部分です。今回、私が日曜学校・教会学校の歴史を調べていて実感したことのひとつは、先ほど挙げたような「説教例」ほど極端ではありませんけれども、「国のため、天皇のため『身命を

投げ打つ』」といった雰囲気が雑誌の記事などにはっきりと、そして頻繁に現れ始めるのは、1937 年頃からだという事実です。1941 年、つまり第 2 次大戦に参戦した年ではなくて、それよりも数年早い段階でキリスト教会の子ども関係の雑誌に変化が現れるのです。

　1937 年（昭和 12 年）は盧溝橋事件をきっかけに日本と中国が全面戦争に突入した年です。日本はすでにその数年前から中国東北部などに軍隊を進めていましたが、この年を境にして日本の一般庶民の間にまで「戦争」という深刻な現実があからさまな形でのしかかり、国を挙げて「戦争」一色に染め上げられていき、その大きな流れの中にキリスト教会の日曜学校も呑み込まれていったのです。

「愛国心」問題をめぐって

　さて、「歴史は繰り返す」という格言がありますが、厳密な意味ではともあれ、私は最近の日本の政治や社会を見ていると、まがりなりにも戦後 60 年間にわたって私たちの社会を支えてきた基本的な価値観とか決まりごとが、根本から大きく揺らいでいるような印象を受けることがあります。もちろんそうした変化が生じる背後にはさまざまな要因があり、単純なことは言えません。また歴史というものはいろいろな変化の積み重ねで

献　身

もあるのですから、変化そのものが悪いとは言えません。

　しかしそうであっても、たとえば今現在、国会で議論されている「教育基本法」の改正という問題の中で、「愛国心」の問題などを目の前に突きつけられると、過去の歴史との関わりの中でやはり大きな疑問を感じるのです。

　これは私がキリスト教徒だからということもあるのかも知れませんが、「愛」という言葉が出てくるのがまず気になる、そして「国を愛せよ」と誰かから命じられたり、「国を愛する教育をせよ」と法律に定めるということが、どうしても納得できないのです。「そういうことはどうも怪しいぞ」という気持ちがあるのです。この問題に関連して、先日、私が書いた文章があるので、その一部を読ませていただきます。

　「愛国心を取り上げる以上、その対象となる『国』とは何か、その『国』の形、理想、課題等々、国民全体で考えるべきさまざまの問題が山積しているはずだが、そうした関心の広がりや議論の積み重ねが充分になされてきたとは到底思われない。

　しかしそうであっても、先の国旗・国歌法案の事例からすれば、結果的に法が成立してしまった後、その強制力だけが、一部の人間の思惑によって一人歩きしはじめる可能性がないとは、誰にも言えないのである。

　本来、キリスト者の視点からすれば、『国を愛する心』を

法として定めるという発想自体、これほどこっけいなものはないと言えよう。その対象が国であれ人であれ、愛は法や力によって強制したり操作することはできないし、またそうすべきものでもない。

　愛は義務でもなければ、権利でもない。だからこそ、国家が愛を要求したり命じたりすることがあれば、それは国家の側の逸脱行為であると同時に、愛を愛以下のものに引き下げる行為ともなる。」(『キリスト新聞』2006年4月15日号・社説「『愛国心』を考える」)

自己批判精神とその「足場」

　私は政治評論家でもなんでもありませんが、現在の日本が、この世界の中で、一方でアメリカべったりという状態を続けていながら、他方では韓国や中国をはじめとするアジア諸国との関係において閉鎖的で行き詰まってしまっているという印象を持っています。そうした中で、国内にあっては、先の「愛国心」問題や首相の靖国神社参拝問題などに象徴されるような、奇妙にナショナリスティックな傾向が生じつつあり、またそれを支持する国民が増えつつあるように感じています。

　こうした傾向がただちに、戦争中の「総員死方用意」とか「国のため、天皇のため『身命を投げ打つ』」ことに直結するとは

献　身

考えたくないのですが、しかしどうも「健全ではないな」とい
うふうに思われるのです。ここで「健全でない」ということの
内容は、そこにものごとを多面的かつ総合的に見ていく視点が
弱いように思われることと、さらにそれ以上に、自分自身を相
対化して見つめる視点、あるいは自分自身を批判的に見つめる
視点が大きく欠けているように思われるということです。

　最近、私は神学部の先輩である西岡昌一郎牧師が、ある本の
中で、「このような自己批判精神は、人間にとって最も成熟し
た精神のひとつです」(『教会暦による説教集／聖霊の降臨』
181頁)と書いているのを読んで、大いに納得し共感するとこ
ろがありました。しかしそうした成熟した精神の持ち主を育て
ることは、実はもっとも難しい課題のひとつでもあると思いま
す。ことに日本における教育は、戦前から現代に至るまで、こ
うした精神の持ち主を育てるという点において、ことさらに弱
い面があったように思うのです。

　自己を批判的に眺めるというのは、私が「自分」という存在
の外側に立ち、距離をとって、冷静かつ誠実に「自分」を見つ
めるということです。そのためには、「自分」の外側において
私が立つことのできるたしかな「足場」を確保しなければなり
ません。私という人間は揺れ動く存在であり、社会も揺れ動く
存在であり、さらにはまた国家ですら揺れ動き、時には歴史の
中に消え去っていく存在です。私たちが確保すべき「足場」は、

そうしたものではなく、絶対のもの、永遠のもの、揺れ動かないものでなければなりません。そうした揺れ動かないものとは、一般的な言い方をすれば、「真理」のことでしょう。そしてそれはキリスト教の理解からすれば、まさしく「神」のことなのです。

　もし私たちがそうした「真理」あるいは「神」といったもの以外の、「偽りの真理」「偽りの神」に身を委ね、そうしたものに「献身」することがあるとすれば、それは私たち自身にとっても、周囲の人々や世界にとっても悲惨な結果をもたらすものとなることでしょう。そのことを、私たちは過去の経験から学んだはずだったのではないでしょうか。

　これから先の時代、どのような変化が私たちを待っているかは、誰にも分からないのです。そうであればこそ、皆さんが、揺れ動く社会、揺れ動く世界、そして揺れ動く私たち自身をしっかりと見つめること、そしてそれを見つめるためのしっかりとした「足場」を（願わくは若いときから）きちんと確保することを、私は願っています。本当に献身するに足る、偽りではない「真理」、偽りではない「神」に皆さんが出会ってくれることを、心から願っています。

（2006 年 5 月 17 日）

人は何によって生きるか
「現実でも一人、ネットでも一人」

コレヘトの言葉7章29節、ヨハネの手紙一4章16節

「ただし見よ、見いだしたことがある。
神は人間をまっすぐに造られたが
人間は複雑な考え方をしたがる、ということ。」

(コレヘトの言葉7章29節)

「わたしたちは、わたしたちに対する神の愛を知り、また信じています。神は愛です。」 　　　　　　　　　(ヨハネの手紙一4章16節)

「現実でも一人、ネットでも一人」

「現実でも一人、ネットでも一人」。

これは、今月8日、東京・秋葉原で七人の人を殺し、多数の人々を傷つけた無差別殺傷事件の容疑者が取り調べの際に告げたという言葉です。このままの言葉を語ったのか、新聞記者が編集したのか分かりませんが、新聞(『朝日新聞』2008年6月12日付朝刊)でこの言葉を読んだとき、私は詩のような、俳句のような印象をまず受けました。

この容疑者の男について、生育歴も含めていろいろな報道を見聞きしましたが、概して言えば、家族や友人などの人間関係の希薄な男、孤独な人間だったということが大きく取り上げら

れていました。冒頭の言葉を読みながら、自分は孤独だと思い
詰め、現実の世界でもインターネット上の情報交換でも自分を
相手にしてくれる人間がいないという思いが積もり積もったあ
げく、やがてついに、自分を無視している社会に対して何かし
ら重大な出来事を引き起こし、世間の注目を集め、自分という
存在をアピールしようとして生じた事件だったのかも知れない
という想像をいたしました。

　ところで、「現実でも一人、ネットでも一人」という言葉を
見たとき、私はもうひとつの言葉を連想しました。

　「鴉啼いてわたしも一人」。

　これは自由律の俳句の作者としてよく知られている種田山頭
火の俳句です。この山頭火は明治から昭和初期にかけて生きた
人で、放浪の人生を送った俳人として知られています。彼の俳
句には、この他にも「一人」という言葉が出てくるものがいく
つもあります。たとえば、「銭がない物がない歯がない一人」
という、ないない尽くしのような句があります。また「一人」
という言葉はなくても、孤独を感じさせる俳句を彼はいくつも
作りました。

　事実、彼の後半生はただひとりで日本各地を旅して俳句を残
したという、孤独な人生ではあったのですが、しかし本当のと
ころ、無差別殺傷事件の容疑者である男が漏らした「現実でも
一人、ネットでも一人」という言葉と、山頭火の残した「わた

しも一人」という言葉は、おそらく全く異なるものであったと思うのです。

　山頭火はほんとうは「一人」ではありません。彼には、彼の作った俳句を読んでくれる仲間がありました。山頭火自身、彼がやって来るのを待っていてくれる人々、彼が生きていることを、遠くからではあれ、また複雑な思いをもってではあれ、なお見守ってくれる人々がいることを知っています。そうした背景のもとでの「一人」なのです。

　しかし無差別殺傷事件の容疑者の孤独は、少なくとも彼の主観にあっては、文字通り誰ひとりとして彼に関心を寄せてくれないという孤独感・孤立感だったのだろうと思います。この男は事件を起こす直前まで職場の仲間などとの人間関係もあったわけですから、客観的に見れば「絶対的な孤独」とは言えないのですが、あくまでも彼個人の主観的な思いからすれば、この世界の中で自分はまったくひとり、誰も自分を相手にしてくれない、という殺伐とした風景が見えていたということなのでしょう。

　言うまでもなく、この男の引き起こした事件は実に身勝手なものであり、何の関係もない多くの人々を傷つけ殺したことに対して、その責任を免れるわけにはいきません。しかしまたこれほどの出来事を引き起こす状況にまで人間を追いやる孤独とはいったい何なのか、果たしてそれはこの男だけの異常な体験

なのか、そういったことを今日は考えてみたいと思うのです。

世界を否定する

　今年の春、青空チャペルに参加された方は覚えておられると思いますが、同志社総長・大谷 實 先生の奨励の中で、日本では毎年3万人以上が自殺で死んでいくというお話がありました。

　先日、新聞を読んでいましたら、昨年1年間の自殺者が3万3093人となり、ここ30年間で2番目に多い数となったという記事が目に入りました。1998年から2007年まで、ついに10年連続で3万人を超える自殺者が出たということです。とくに昨年は働き盛りの30代と60代以上の高齢者の自殺が過去最多だったといいます（『朝日新聞』2008年6月19日付夕刊）。

　「無差別殺傷事件」と「自殺」。現象的にみると、まったく正反対のように思えるかもしれません。しかしある面から見れば、このふたつに共通している点があるように思われてなりません。

　もちろん無差別に他人を殺すような人間はめったにいません。他方、自分を殺すという人は、統計上、25万人に1人以上いることになります。

　あえて言えば、前者はこの世を破壊しようとする行為であり、後者はこの世から退場する行為であると言えましょう。しかし、いずれにも共通しているのは、この世を否定する行為であると

いうことです。

　そうした世界の否定とは、突き詰めていけば、この世界は私を必要としていない、この世界は私に対して優しくない、この世界は私を愛していない、この世界の中で私はたったひとりだ……という思いから生じたものではないでしょうか。

　世界が私にそういう態度を取るのなら、この私もその世界にわずかなりとも復讐してやろう、その世界を少しでも破壊してやろうという対応と、そんな世界からはもう退場してしまおう、この世界から自分を消去してしまおうとする対応。「無差別殺傷事件」と「自殺」には、ひとつのことがらの表と裏、ポジとネガといった面が現れており、その根はひとつに繋がっているのではないでしょうか。ことがらのすべてをあまりにも単純化することには注意しなければなりませんが、私にはそんなふうな「私と世界」の関係に挫折した人々の生々しい思いが重苦しくわだかまっているように思われるのです。

　この場合の「世界」とは、具体的には私たちの人間関係を通して現れてくる「身近な世界」のことであり、多くの場合、それは実際には非常に「狭い世界」です。言い換えれば、それは家族や友人との触れ合いの中から立ち現われるような、日常的で何気ない、しかしまさにそれだからこそ、いちばん意味のある「世界」のことです。

　そういったもっとも身近で意味のある世界が崩壊するとき、

あるいはそうした世界が私たちを拒否するとき、私たちは混乱し、不安に陥り、生きる気力を失うことが起こります。あるいはまた翻って、そこから怒りや憎悪、破壊的な衝動が生まれてくるということも起こります。

　私たちにとって、生きる意味や生きる目的は一様ではありません。それぞれの人がそれぞれの生きがいを持っており、その価値や質を客観的に判断したり評価したりするわけにはいきません。他人の目から見たら、「どうしてこんなことで……？」と思うような一見些細なことで生きることに絶望する人もいるし、「こんなに悲惨な状況にもかかわらずよくもまあ……！」と思うほど粘り強く人生を歩み続ける人もいます。

　しかしたとえどんな人だったとしても、この世界のすべてが声を挙げて、「お前はいらない」「おまえに関心はない」と大合唱を浴びせられるような思いを持ちつづけるとすれば、遅かれ早かれ、その人の人格や人生にゆがみが生じることは避けられないのではないでしょうか。

意味ある人々との交わり

　私たちは物理的現象的にひとりでいるからと言って、ただちに誰もが「自分は孤独だ」と感じるわけではありません。今ここにおられる方の中にも、「ひとりでいる方が好きだ」という

人もいるかも知れません。それとは逆に、多くの人と一緒にいても孤独を感じる場合もあるだろうと思います。

おそらくひとりでいても孤独を感じないとか、ひとりでいるのを好むというのは、その人が自分にとって意味のある人々との繋がりをどこかでちゃんと維持しているという意識があるからではないかと思います。先ほども言ったように、私たちにとって意味のある人とは家族や友人という場合が多いと思いますが、たとえ遠く離れていても、あるいはそうした人がもはやこの世に生きていないとしても、そういった人との繋がりを実感できている人は、この世界というもの、人生というものに対して基本的な信頼感を抱いて生きていくことができるように思うのです。逆に言えば、ひとりでも生きていける人は、どこかで自分が、意味ある人や存在との交わりに支えられていることを「信じている人」であると言えるでしょう。

皆さんが生涯のうちにいったい何人の人に出会うのか分かりませんが、あえて言えば、人が生きていくのに必要な出会いというのはひとりかふたり、あるいは三人……それで十分なのかも知れません。あなたにとって意味のある人に出会うこと、そしてそういう人との交わりを大切に育てていくことが、あなたの人生を支える確かな力になるのです。

人生の長丁場を歩んでいく中で、私たちは時として人々から、そしてこの世界から、拒否されたり無視されたりする経験をす

ることがあるかも知れません。時には自分がまったく無価値に思えたり、人生が無意味に見えたりすることもないとは限りません。

しかしたとえ拒否されることがあっても絶望するまでには至らず、自分が無価値なように見えても自分をまったく突き放すまでには至らない。「まあそういうこともあるさ」というふうに受けとめ、「今の自分はその程度だな……」と思いながら、それでも自分を捨て去ったりはしない。人生を投げ出さずに、だましだましのような感じであっても、何とかかんとか歩みつづけていく。そういうことができるようになるためには、いつもどこかで私たちのことを好意的なまなざしで見ていてくれる誰かがいること、そしてそれを私たちが知っていることが、とても大事なことなのです。そうしたことが私たちを励まし、支え、勇気づける力となるということは確かな事実なのです。

神は愛

今日最初に読んでもらった聖書の言葉は、「神は人間をまっすぐに造られたが、人間は複雑な考えをしたがる」と告げています。

私は今日、秋葉原で起こった無差別殺傷事件のことを取り上げ、自殺の問題を取り上げ、孤独の問題、人生の意味といった

49

ことについて、いろいろと「複雑」な話をしてきましたが、ま
さしくこの聖書の言葉が告げるように、神は「まっすぐ」、ス
トレートな言葉で私たちに語りかけてくださいます。

　たとえば命という問題に関して言えば、有名な「十戒」の中
で、神は「殺してはならない」（出エジプト記20・13）と単純
率直に語ります。たとえこの世でどうしようもなく孤独で孤立
しているようにしか思えないときでも、「殺してはならない」。
これが神の言葉です。他人だけではなく、自分自身、つまり自
殺をも含めて「殺してはならない」のです。

　「殺す」ことを否定する神の言葉の背後には、その理由として、
すべての命は神の造りたもうたものであるがゆえに、あなた自
身といえども自らの命を自由にする権利はないという理解があ
ります。しかしそういった権利云々ということよりも、より重
要なことは、神は神がお造りになった私たちひとりひとりを愛
しておられるという聖書の教えです。私たち人間は皆、神に愛
されているからこそ、自分をも他人をも殺してはならないので
す。「わたしの目にあなたは尊い」と告げてくださる神、「たと
え家族や友人があなたを見捨てても、私はあなたを見捨てない」
と語る神のスタンス、そうした神の決意がこの十戒の背後に横
たわっていることを、私たちは理解しなければなりません。

　換言すれば、それは「神である私があなたを愛しているのだ
から、あなたは孤独ではない、ひとりではない」という神の約

束であり、「だから他者を殺してはいけない。自分を殺しても
いけない、この世を破壊したり、この世界から退場したりする
ことを選んではならない」という命令であり、さらに言えば、
命令というよりも、「神であるこの私に愛されているあなたは、
そのようなことをするはずがない」という私たちへの呼びかけ
なのです。

　今日読んだもうひとつの聖書の言葉は「神は愛である」と告
げています。聖書の中でいちばんよく知られている言葉かも知
れませんが、実はこの表現そのものは新約聖書の中でこの箇所
を含めて2回しか出てきません。しかし聖書の中には、神が私
たちを愛しておられるということが、実にさまざまな物語や出
来事を通して繰り返し繰り返し語られています。

　そうした話をひとつだけ挙げるとすれば、イエスの語った「失
われた一匹の羊」のたとえ話を思い出すと良いでしょう（マタ
イ 18・12 〜 14、ルカ 15・4 〜 7）。

　100 匹の羊がいて、そのうちの 1 匹がいなくなったという
たとえ話です。羊飼いは 99 匹を残したまま、いなくなった 1
匹をどこまでも探し求め、ついにその羊を見つけ出し、喜んで
連れ帰ったという話です。

　この羊はなぜ迷子になったのかということを、ちょっと想像
してみましょう。ただの注意力不足の羊だったのかも知れませ
ん。たまたま疲れていて仲間からはぐれたのかも知れません。

しかしもしかしたら、とても生意気な羊だったので、自分勝手な行動をとった結果だったのかも知れません。あるいはまた他の羊からいじめられたり無視されたりしていたために、いたたまれなくなって出て行ったのかも知れません。羊としての「人生（？）」に絶望し、この世界から退場しようとして出ていった羊だったのかも知れないのです。

　しかしいずれにしても、羊飼いは、そのやっかいな一匹の羊を探して歩き回るのです。羊飼いは神の象徴です。神はこのやっかいな羊、やっかいな私たち人間ひとりひとりを見捨てないということを、この物語は語っています。私たちが立派な人間であろうとなかろうと、神は私たちを大事なものとみなして私たちを探し求めてくださるというのです。これが「神は愛」ということであり、聖書は「人はその神の愛によって生きる」と語るのです。神の愛が私たちを生かし、この神の愛によって生かされた人間がお互い同士を生かし合うことの大切さを、イエス・キリストは教えました。

　この世界と人生にははかりしれないほど多くの問題が存在し、私たちはことあるごとに挫折や悲嘆に陥ることになるのですが、聖書によれば、それが絶対的で究極的な現実というわけではありません。この世界において最後に残るものは神の愛であり、私たちはこの愛のもとに生き、またお互いに生かし合うものとなるのです。人は皆この神の愛によって生きるのです。私たち

神戸療

は「一人」ではありません。

(2008年6月25日)

クリスマスとインマヌエル
「神は我々と共におられる」

イザヤ書7章10〜14節、マタイによる福音書1章18〜23節

「『それゆえ、わたしの主が御自らあなたたちにしるしを与えられる。』」 （イザヤ書7章14節）

「『見よ、おとめが身ごもって男の子を産む。
その名はインマヌエルと呼ばれる。』
この名は、『神は我々と共におられる』という意味である。」
（マタイによる福音書1章23節）

クリスマスとインマヌエル

「クリスマス」という言葉の意味をご存じでしょうか。あらためて問われると、「はて」と思う方もいるかもしれません。これは英語の「クライスト」と「マス」の合成語で、「キリスト」の「祭り・ミサ・礼拝」という意味で、要するに「キリスト（降誕）を祝う礼拝」ということになります。

一方、今日のタイトルに掲げた「インマヌエル」は旧約聖書で使われているヘブライ語で、「神は我々と共におられる」という意味です。古くはエルサレム神殿の祭儀で発せられた救いを求める叫びだったと解説する研究者もいます。またイザヤ書の一部などを見ると、このインマヌエルという言葉が、外国と

の戦争という文脈の中で登場し、「神が我らと共におられる（インマヌエル）のだから」（8・10）私たちは決して負けるはずがないという意味合いで用いられている箇所もあります。

今日、この2つの言葉を並べたのは、「クリスマス」とは「インマヌエル」であるということ、すなわちそれは「神は我々と共におられる」というメッセージを告げる出来事であるということをお話ししたいと思っているからです。

「孤独」の問題

さて今年もまもなく終わろうとしています。毎年この時期になると、新聞でもテレビでも一年を振り返るさまざまなニュースが飛びかいます。そうしたニュースを見ると、「そう言えばそういうこともあったなあ」と思うのですが、年齢と共に、月日の移り変わる早さ、目まぐるしく起きる出来事の数々、そしてそういうことをたちまち忘れ去ってしまう自分自身の記憶力の弱さをあらためて感じます。

今年の6月に京田辺のチャペル・アワーに参加した方は覚えておられるかもしれませんが、私の担当したメッセージのなかで、6月8日に東京・秋葉原で起こった無差別殺傷事件を取り上げました。7人が亡くなり、多くの人が傷を負った事件です。その新聞報道の中で、この事件を引き起こした容疑者が、警察

の取り調べのときに告げたという、「現実でも一人、ネットでも一人」という言葉を紹介しました。詩のような俳句のようなこのフレーズに、私はどこか引っかかりを覚えずにはいられませんでした。

　現実生活のうえでも孤独であり、コンピューターのネットワークの中ですら自分を相手にしてくれる人がいない。そうした孤独感、社会や人間関係からの孤立感が、世間の注目を集め、かつ自分を無視する世間へ復讐するために、無差別殺人という歪んだ行動に繋がっていったのではないかということをお話ししました。あれからおよそ半年が経ちましたが、あれほどの事件でありながら、たぶん多くの方は言われてみて初めて、「そう言えば、今年はそういうこともあったなあ」と思い出されたのではないでしょうか。あるいは、「ああ、あれは今年の事件だったのか」と思った方もいるかもしれません。結局、あれほどの事件を引き起こしながら、世間一般は速やかに「彼」の存在を忘れ去りつつあるというのが現実です。「現実でも一人、ネットでも一人」、そして「あれほどの事件を引き起こしても、やはり一人」ということなのでしょうか。

　この事件を引き起こした人間だけでなく、現代を生きる私たちにとって孤独がきわめて深刻な問題であるというのは明らかな事実だと思います。今日における孤独の深刻さとは、社会が非常に巨大化し、複雑化し、激しく変化しつづける一方、その

中に生きる個々の人間の存在がますます小さなもの、分断されたもの、不確かなものになってきたということが大きな原因になっているように思います。

　ある神学者は、現代人の著しい特徴は、「個人主義」と「自己愛」であると語っています。「自分」というものを何よりも大事なものと考え、自分を愛すること守ることを何よりも優先するのが、現代人の特徴だというのです。もしそうであるとすれば、誰もが自分だけを愛するわけですから、当然ながら人間は孤独にならざるを得ないでしょう。「私は自分を愛するが、あなたには私を愛してほしい」などということは誰も言えないし、そんなことを望むわけにはいきません。

　その結果、そこにはいわゆる「ヤマアラシのジレンマ」という現象が起こります。寒い冬にお互い身を寄せ合えば暖かくなることは分かりきっているのだけれど、自分の身を守るために針を逆立てている限り、ヤマアラシたちは近づくこともできず暖まることもできないという寓話です。

　私たちが圧倒的・絶対的・第一義的に自分だけを愛するという生き方に固執する限り、孤独は避けて通れない現代人の運命なのかも知れません。

「人が独りでいるのは良くない」

旧約聖書の創世記に神が人間を創造する場面が出てきます。神は最初にアダムという人間を造った後で、こう告げました。

「人が独りでいるのは良くない。」（2・18）

そして神はもうひとりの人間であるエバを創造するのです。こうした聖書の物語は、孤独というのが人間の本来的なあり方ではないということを示唆しているのでしょう。コヘレトの言葉にも、「ひとりよりもふたりが良い。共に労苦すれば、その報いは良い。倒れれば、一人がその友を助け起こす。倒れても起こしてくれる友のない人は不幸だ」（4・9〜10）という言葉が出てきます。人は神によって「共に生きる存在」として創造されており、そうした生き方を見失うとき、本来の人間性もまた失われる、混乱する、歪んでしまうということを、聖書は語っているのです。

しかしながら創世記の続きをお読みになった方はよくご存じだと思いますが、このようにして創造されたアダムとエバの関係はまもなく破綻してしまいます。詳しくは創世記3章をお読みいただきたいのですが、ふたりは神に禁じられていた行為を行い、しかもその行為の責任をアダムはエバに、そしてエバは他の動物に押しつけようとします。そのときふたりの間の本来の関係は崩壊し、共に生きるという人間の在り方が見失われる

のです。アダムは自分を守るために、自己愛からエバを切り捨てました。誰よりも大事なのは自分だということです。けれどもそこから根源的な人間の孤独が生まれてくるということを、聖書は告げているのです。

神話とも言えるこの物語は、私たちの日常生活で繰り返し起こる人と人との間の信頼の喪失、人間関係の難しさを伝える象徴的な話です。「人が独りでいるのは良くない」。しかし、気づいてみれば、「現実でも一人、ネットでも一人、そしてやはり一人」という「寒々とした闇夜」のような風景のなかに置き去りにされているというのが、私たちの実態なのかもしれません。

「私たちは孤独ではない」

クリスマスとはこうした「寒々とした闇夜」に神の子がお生まれになったことを祝うお祭りです。そしてそれが「インマヌエル」だというです。クリスマスの意味を一言でまとめるならば、それは「私たちは孤独ではない」というメッセージであると言えるでしょう。

自分でもどうしようもない自己愛。誰もが自分を守ることで生きていこうとする人間世界。そのなかで孤独へと運命づけられている私たち人間。そうした私たちのために、神が人となって共に生きることを決意されたという物語がクリスマスです。

神は赤ん坊の姿をとって地上に降って来ます。赤ん坊に対して警戒心を抱く人はおりません。むしろ多くの場合、この小さく、無力な、そして手数のかかる赤ん坊を中心に輪ができたり、その子を世話することを通して大人同士が結びついたりします。クリスマスにおいて、イエスご自身が家族やその他多くの人々から世話をされる身となって、人間のあるべき最初の姿を示し、交わりを生み出したのでした。

　その後のイエス・キリストの働きとは、要するにそういうことの延長上にあるものだったと言えるかも知れません。人と人との結びつきをもう一度回復すること、「人が独りでいるのは良くない」と語ること、そして「私たちは孤独ではない」と告げること。それをイエスはその教え、癒しのわざ、そして共に食卓を囲むという行為を通して人々に伝えたのです。クリスマスはイエスの誕生を告げると共に、そのようなイエスの福音の働きの始まりを告げる出来事です。

　しかしクリスマスはそれだけで完結する物語ではありません。およそ30年の後、イエス・キリストが十字架につけられる時がやってきます。

　その前の晩、イエスは弟子たちと共に食事をしました。その交わりの場で、イスカリオテのユダが銀貨30枚でイエスを敵の手に売り渡すという裏切りが起こります。けれども裏切ったということで言えば、結局、ユダだけでなく残りの弟子たちも

皆、五十歩百歩でした。その晩、すべての弟子たちはイエスを見捨てて逃げ去ったと福音書は伝えています。

　危険が迫りつつあることを知った弟子たちのひとり、一番弟子とされるペトロは、「主よ、ご一緒になら、牢に入っても死んでもよいと覚悟しております」と語りました。これに対してイエスは答えました。

　「言っておくが、あなたは今日、鶏が鳴くまでに、三度わたしを知らないと言うだろう。」

　この「寒々とした闇夜」が明けるまでに、「三度わたしを知らないと言う。」三度イエスを裏切る。自分を守るために。自分がいちばん可愛いから。自分だけを愛しているから。

　イエス・キリストの逮捕、裁判、判決、十字架刑の執行と、あわただしく過ぎ去っていく受難物語の中で、預言のとおり、ペトロは三度、「そんな男は知らない」と叫びます。

　クリスマスから始まって30年間、神が人間となってまで救おうとされた人間の孤独、人間の果てしない自己愛の克服というイエスの福音の働きは、この最後の場面でガラガラと音を立てて崩れ去っていくような印象を与えます。

「わたしはあなたのために祈った」

　私の研究室に1枚の古いしおりがあります。部屋の外へ出て

行く時に目につく位置にあって、そこにこういう聖書の一節が記されています。

「わたしはあなたのために、信仰が無くならないように祈った。」

それはルカによる福音書22章32節の言葉で、ちょうど今お話ししたペトロの裏切りを予告する場面に前後して出てくるイエスの言葉です。ペトロの裏切りを予見しながら、イエスはその裏切る人間のために「祈る／祈った」というのです。

「祈る」という行為は、人間が神と結びつくもっとも基本的な行為です。そして祈りが他の人のことを執り成すためにささげられるとき、それは神を中心として人と人とを結びつける行為となります。

イエス・キリストがペトロのために祈る。それは神の子が私たち人間との結びつきを持ち続けるために、そして私たちを孤独から救い出すために祈るということです。人が生きていけるのはどこかで誰かに愛されているからです。たとえそうした人が周囲にひとりもいないときでも、イエス・キリストは「あなたのために祈った」と言います。

ユダが裏切り、ペトロが裏切り、そしてすべての弟子が裏切っても、なお私はあなたたちを見捨てないという決意。そうしたイエス・キリストの決意が、「わたしはあなたのために祈った」という言葉なのです。自分を守るために「そんな男は知らない」

と繰り返す私たちに対して、それでも「わたしはあなたのために祈った。わたしはあなたを孤独の中に放り出すことはしない」という決意。それがキリスト教の福音であり、クリスマスであり、インマヌエルの意味です。

「わたしはあなたのために、信仰が無くならないように祈った」というイエス・キリストの言葉はさらにこう続きます。「だから、あなたは立ち直ったら、兄弟たちを力づけてやりなさい」（ルカ 22・32）。

愛されている人間だけが、他の人を愛することができます。神によって、そしてイエス・キリストによって愛されている人間、祈られている人間は、今度は「兄弟たち」、他の人々を愛することができるようになり、共に生きることへと押し出されていくのです。

2000 年の昔、「わたしは、いつもあなたがたと共にいる」と言われた神の約束。この神の大きな愛を信じて、私たちも偏狭な自己愛を乗り越え、互いに愛に結ばれて共に生きることへと、一歩ずつ踏み出してみましょう。そのような招きの声が、今年、このクリスマスにおいて、私たちに投げかけられているのです。

（2008 年 12 月 23 日）

諸学校の建学の精神を学ぶ
キリスト教主義の特色とは何か
詩編51編1〜14節、ローマの信徒への手紙7章15〜25節

「わたしの罪は常にわたしの前に置かれています。」

（詩編51編5節）

「わたしはなんと惨めな人間なのでしょう。」

（ローマの信徒への手紙7編24節）

早稲田大学の建学の精神

　私はこの春から新しく「建学の精神とキリスト教」という講義を担当することになりました。私たちの大学の歴史と理念を学ぶことを目的とするクラスです。

　この講義を始めるにあたって、ふと思いついたのが、同志社以外の学校はどういう「建学の精神」を掲げているのだろうかということでした。幸いにも、最近ではホームページや様々な文献から、そうした情報を比較的容易に入手することができるので、早速いくつかの学校を調べてみました。今日はそうしたいくつかの学校の建学の精神を紹介しながら、私たち同志社の建学の精神を振り返ってみようと思います。とりわけキリスト教主義を掲げる学校としての特色ということを念頭に置いて考えてみます。

早稲田大学の建学の精神

　まず早稲田大学です。明治期以来、早稲田と同志社が長年にわたっていろいろな次元での交流を持ってきたことは皆さんもよくご存じだと思います。早稲田大学は、1882年（明治15年）、大隈重信により「東京専門学校」として創設され、1902年に「早稲田大学」と改称しました。大隈重信は、「政治家。佐賀藩士。維新政府の要職を歴任。主に財政をつかさどるが、『明治十四年の政変』で下野し、立憲改進党を結成。のち外相となり、条約改正につとめるが挫折。1898年（明治31）憲政党内閣いわゆる隈板内閣の首班。1914年（大正3）再び首相。（中略）侯爵。(1838〜1922)」(『広辞苑』) とあるように政治家としてのイメージが強い人物です。

　大隈の盟友であり学校設立の協力者であった小野梓は、開校式に際して次のように語ったと伝えられています。

　　「顧るに一国の独立は国民の独立に基し、国民の独立は其の精神の独立に根ざす。而して、国民精神の独立は、実に学問の独立に因るものなれば、其の国を独立せしめんと欲せば、必ず先づ其の学問を独立せしめざるを得ず。」(日本私立大学連盟編『建学の精神』292頁)

　1913年に制定された「早稲田大学教旨」という文章の中でも「早稲田大学は学問の独立を全うし、学問の活用を効し、模範国民を造就するを以て建学の本旨と為す」と記されています。「学問の独立」、そして学問を通しての精神の独立、さらに独立

した精神を持つことによって理想的な国民を生み出すことが、早稲田の建学の精神の中核にあると言えるでしょう。「独立した精神」「独立した人格」の形成の重要性は、「自由、自主、自立（自律）」を建学の精神の柱のひとつとして掲げる同志社の場合にも共通する価値観です。

さてしかし、「独立した人格」の究極の根拠・根底として「学問」そのものを据えるという考え方は果たしてどうなのでしょうか。「学問」と言っても、いろいろな分野、いろいろな立場からの学問があるわけで、「学問」を修めればおのずと「独立した人格」「自由な人間」となり、「模範国民」となるという理解には、いささか違和感を覚えるというのが私の正直な思いです。

同志社の場合、「自由」の根拠は究極的にキリスト教主義に由来するものであると私は考えています。つまり神によって創造されたとするひとりひとりの人間のかけがえのなさや人格の尊厳、そして神の前に立って思考し行動するという自覚や責任感が、真に自主的で独立した精神と生き方に繋がるものであると思うのです。

私立大学の建学の精神〜慶應義塾

次に慶應義塾大学です。この学校は 1858 年（安政 5 年）、福

沢諭吉の創設した蘭学塾に始まります。『広辞苑』によれば、「福沢諭吉　思想家・教育者・豊前中津藩士の子。緒方洪庵に蘭学を学び、東京に洋学塾を開く。幕府に用いられ、（中略）維新後は、政府に使えず民間で活動、1868 年（慶応 4 ）塾を慶応義塾と改名。（中略）独立自尊と実学を鼓吹。のち脱亜入欧・官民調和を唱える。著『西洋事情』『世界国尽』『学問のすすめ』『文明論之概略』『脱亜論』など。(1834 〜 1901)」とあります。

　慶應義塾のホームページには教学の理念として「実学の精神」と「独立自尊」という言葉が強調されています。このふたつの言葉についての解説として次のような文章を見つけました。

　　「福沢のいう『実学』がややもすれば卑近な、実用一点張りの学問のことのみと受け取られがちであるが、それは皮相な解釈にすぎない。むしろ福沢の提唱した『実学』は『実験実証の学』、すなわち今日のいわゆる『科学』であるとみるべきで、このことは福沢自身『実学』という言葉に、『サイエンス』というルビをつけていることからも明らかである」（『建学の精神』148 頁）

　要するに福沢は単なる実用主義・功利主義的な意味で「実学」を強調したわけではないということです。さらに、このようにも書かれていました。

　　「一方、『独立自尊的人間』とは『他に頼らず自立を計り、人間性を尊重すると同時に他人の自由を重んじ、ひろく共同

体の一員としての意識をもち、多くの人々とともに未来社会を建設する意欲に燃えた人間』(佐藤朔「大学改革と自己改革」—『慶應義塾大学報』第27号所収—)といってよい。」(前掲書148頁)

政界に近いイメージの大隈に比べると、福沢は財界に影響を及ぼした人というイメージがあります。「実学の精神」を強調するのはいかにもこうした福沢らしい印象を受けますが、それではそうした「実学」の在り方や方向性を熟考し見定めるべき学問、たとえば哲学や倫理学や神学といったものはどういう位置づけになるのでしょうか。これらの学問は「虚学」などと呼ばれることもありますが、「実学」のもつ知識や技術を使いこなす前提もしくは枠組みとなる価値観や思想を扱う重要な分野であると思います。あるいは福沢の言う「実学」の中には、こうした「虚学」も含まれているということでしょうか。

慶應のもうひとつのキイワードである「独立自尊」は、早稲田の「独立」、同志社の「自由」と共通性を持つものかも知れません。しかし早稲田の場合と同様、「独立自尊」をもたらすという学問とは何なのか、その背後にある根本的な人間理解や価値観の核となるものは何なのかという点で、さらに問うべき余地が残されているように思うのです。

これらの点に関して、新島襄は、「良心を手腕に(学問や才能を)運用する人物」を育てるという言い方で、彼なりの答え

を出そうとしています。そして私の理解では、その「良心」とはやはり根本において神の前に立つという自覚と責任から生まれる良心であり、キリスト教主義と切り離せない関係のもとにあるものだと思うのです。

同志社の建学の精神〜「良心教育」

さらに関西で言えば立命館大学とか関西学院大学とか、またごく最近、建学の精神を制定した東京大学とか京都大学とか、いくつもお話ししたい学校がありますが、時間の都合もあるので個別に取り上げるのは別の機会に譲ります。

さていろいろな学校の建学の精神を学んでいく中で、私はいくつかのことを考えてみました。

まずひとつは、我田引水と批判されるのを恐れずに言えば、私たち同志社の建学の精神はなかなか良いではないかということです。

同志社の場合、ホームページなどでは、「良心教育」という中心的なテーマがまずあって、それを支える三本柱として「キリスト教主義」「自由主義（自主自立）」「国際主義」が位置づけられています。私個人としてはこのような位置づけには異論があるのですが、それはさておき、諸学校の建学の精神という場合、「自由」「真理」「真実」、また「学問」「知識」、あるいは

69

「平和」といった言葉が頻繁に出てきます。しかし「良心」という言葉は私の知る限りでは同志社しか使っていないようです。たしかに同志社の中でもこの「良心」の理解についてはいろいろ意見があることは事実です。しかしいずれにしても人間の内面にまで立ち入って、人間性の本質、人格、生き方を方向づけるキイワードとして「良心」という言葉を掲げ、そうした人間の育成を謳っていることは同志社の大きな特徴でしょう。同志社の教育を考えるとき、この「良心」とは何か、どのようにして「良心」を育てるのか、「良心」が育つのか、といった議論や実践は、私たちが皆、もっと熱意を持って、そして多様な意見を持ち寄って、継続していかなければならない課題だと思います。

キリスト教主義学校の建学の精神における「奉仕」

第二に、これは他のキリスト教主義学校との比較で気づいたことですが、例えば神戸女学院には「愛神愛隣」（神を愛し、隣人を愛す）という言葉があり、関東学院には「人になれ奉仕せよ Be a Man, Serve the World」という標語があります。また青山学院は「知の塩、世の光」という聖書の言葉をそのままスクールモットーとしています。これらは皆、「隣人を愛すること」「世に奉仕すること」「地の塩、世の光として他者のため

に働くこと」を謳っているわけで、一言で言えば「奉仕」の精神と言えます。この点をいちばんはっきり宣言しているのは、おそらく関西学院のスクールモットーでしょう。関西学院では第四代院長であったC. J. L. ベーツの提言により「Mastery for Service（奉仕のための練達）」というスクールモットーが掲げられています。

　キリスト教は、今日で言うボランタリーな精神に基づく他者への奉仕を、その歴史の最初から重んじてきました。同志社の歴史を顧みると、こうした奉仕の精神に生きた多くの先輩たちがいることはたしかな事実なのですが、建学の精神としての文言で見る限り、隣人への「奉仕」ということに率直かつ大胆に触れていない感があるのはいささか残念に思います。

教育の前提として〜神の前に立つ「罪人」としての人間

　第三に気づいたことは、同志社を含め、キリスト教主義であろうとなかろうと、およそすべての学校において、建学の精神の中で人間の限界とか教育の限界ということをはっきり認識し明示している例が存在しないことです。ネガティブなことを言っているように思われるかも知れませんが、私は人間の本質をどう見るかということは、教育の本質に関わる問題だと思っているので、たいへん気になるところでした。

建学の精神や教育理念の大半は、「教育を受けることで人間は成長する」、「教育によって理性的で倫理的で成熟した人間になっていくのであり、そうした人間たちを育てることで社会もやがて良くなっていくのだ」といった「信念」あるいは「信仰」が、いずれの学校でも暗黙の前提や了解となっています。こうした近代主義的な発想、あるいは人間中心主義的な発想に対して多くの人々は肯定的な評価をするかも知れませんが、私の理解する限り、それはキリスト教的な人間観ではありません。

キリスト教における人間理解はそんな甘いものではありません。聖書における人間理解の重要なポイントのひとつは「すべての人間は罪人である」という認識です。様々な限界を持ち、利己主義に陥りやすく、自分でも制御しがたい悪魔的な暗い深淵をその中に抱え込む存在。それが人間なのです。

今日、旧約聖書は痛切に自己の罪を意識し懺悔する言葉を連ねた詩編 51 編を取りあげ、新約聖書は同じくパウロが「善をなそうとしてなしえない」自らの罪の姿を赤裸々に告白するローマ書からの一節を取りあげました。いずれもよく知られた箇所であり、罪を見つめる聖書の人々の真剣さと深刻さが伝わってくる箇所です。

このように罪人としての人間性を深く自覚する一方で、けれどもまたキリスト教は、神がこのような人間をも無条件で愛し、赦し、受け入れてくださることを告げています。キリスト教の

人間観において、すべての人間は「赦された罪人」であり、「神に愛されている罪人」です。しかしそれでも人間が「罪人」であるという認識は残るのです。

人間の本性に深く食い入った「罪」というとげは教育といった手段によって容易に矯正したりぬぐい去ったりできるような甘いものではないという事実。これは昨今の諸大学において学生たちが引き起こしている反社会的な行為や非人道的な事件、そしてまた学生たちを教え育てるはずの学校の教職員が引き起こしている諸々の問題を思い浮かべれば、おのずと納得しうることではないでしょうか。

教育は万能ではなく、学校は完全なものではありません。学生も罪人であり、教師も職員も罪人です。罪人である人間が罪人である人間を教育するという現実において、そこには一定の限界があるという事実を私たちはわきまえなければなりません。

しかしまたそうであるからこそ、学生、職員、教師が、共に同じ限界を持った人間として神の御前に跪き、自らを省みる機会が備えられているという点にこそ、キリスト教主義学校の重要な特徴があると言えるのです。不完全で問題を抱えた私たち人間が、神の恵みと憐れみによって、赦され、愛され、生かされるという認識を原点としながら、さらに私たちは、そのような神の恵みと憐れみのもとで、学び、教え、働くことへ、そして共に成長することへと押し出されていくのです。

このチャペル・アワーの場が、そうした神と出会う大切な場のひとつとなり、私たちが自らを省みる場となることを願ってやみません。私たちは、私たちが神によって「赦された罪人」であり「愛されている罪人」であることを深く心に留めながら、同志社が高く掲げている建学の精神、すなわち「良心を手腕に運用する」人間となり、また「自由、自主、自立」に生きる人間となり、さらにはまた困難や苦しみを抱えている人々の隣人として奉仕する人間となることを願いつつ、歩んでいきたいと思います。

(2010 年 6 月 22 日)

「いくらなんでも缶」の時代
人が人になるプロセス

マルコによる福音書7章24〜30節

「そこで、イエスは言われた。『それほど言うなら、よろしい。家に帰りなさい。悪霊はあなたの娘からもう出てしまった。』」

（マルコによる福音書7章29節）

「いくらなんでも缶」

「いくらなんでも缶」というのは、漫画家でエッセイストの東海林さだおさんの文章の中に出てくる缶詰のことです。

東海林さんは、あるエッセイの中で、近頃（と言っても、今となってはもうだいぶ以前のことですが）、ずいぶんと便利な、しかし手抜きといってもいい商品がいろいろ出まわっているという話題を取り上げていました。その例として、「カルピスウォーター」やウィスキーの「水割り缶」といったものを挙げ、そもそもカルピスもウィスキーも自分で水を割って好みの味を作るものだったのに、なんと無精になったものよ、と嘆き、それにもかかわらず実際にこうしたモノが売れているという現実に驚きあきれていたのですが、その文章の中に「いくらなんでも缶」の話が出てくるのです。

東海林さんがこのエッセイよりも前に書いた、別の文章で「鮭

の水煮」の缶詰を取り上げたことがあったといいます。鮭を軽く塩味で煮ただけのモノですが、けっこうおいしい。東海林さんは、鮭の身の肉もさることながら、その中の骨が好きだというのです。食べてみると分かりますが、圧力釜のようなもので炊くとああなるのかも知れませんが、骨であるにもかかわらず、とても柔らかくて、ポリポリというよりサクサクという歯ごたえのする、ちょっとおもしろい食べ物です。おかずというよりスナック感覚ですね。東海林さんはこれがけっこういけるというので、誰かこれだけを集めて缶詰にしてくれないかなあという文章を書いたのです。

　数カ月後、ある缶詰会社から荷物が送られてきました。空けてみると、そこからは本当に鮭の骨だけを集めた缶詰が出てきました。

　東海林さんは、「いくらなんでもそんな缶詰があるわけないけどね……」というつもりで書いた文章だったので、びっくりして「いくらなんでも缶」というタイトルをつけた新しいエッセイを書いたのでした。

「今・ここで・すぐに・それが・欲しい！」の世界

　ことほど左様に、今の日本社会は、消費者の皆様のためなら何でもやります、何でも作ります、何でも売りますよ……とい

う世界です。お客様のニーズがすべてという感じです。もっと正確に言えば、ニーズがないところにまで、わざわざニーズがあるかのように宣伝し、誘導し、欲しがらせる、買わせたがる、売りたがるというのが、今日の消費社会の実態です。

　先日、iPad が発売になりました。先週、教会に行くと、早速それを買ってきた青年がいたので見せてもらいました。一通り、実演してもらった後で思ったことは、「これは便利だな」という当たり前の感想。それと同時に、なぜか先ほどの「いくらなんでも缶」の話を思い出しました。

　iPad も「いくらなんでも缶」も、私たちの願望をストレートに満たしてくれるという点で共通していると感じました。欲しいものは鮭の骨だけ、欲しいものはこの情報だけ……。そうした目的に脇目もふらず、まっしぐらに突撃していって、私が欲しいものを得る、食べる、知る……。こうしたものは便利です。手っ取り早いです。私たちを満足させてくれます。

　しかし私たちがそういう便利なもの、手っ取り早く満足させてくれるものばかり利用していると、やがてそうした感覚が当たり前となっていき、悪い意味での「消費者根性」のようなものに陥ったり、時間をかけて知識や経験を自分のものにすることが苦手になっていったりすることが起こるのではないだろうかという懸念も感じます。

　「いくらなんでも缶」や iPad と同様に、今や現代人の生活に

なくてはならないものになっている、町中のコンビニエンス・ストアも、あるいは携帯電話も、一言で言えば、「今・ここで・すぐに・それが・欲しい！」という私たちの性格を形作り、ますますそれを強化していく道具のように感じます。

　人間というものは、短期間で直線的(ストレート)に成長するものではありません。幾重にも曲がりくねって、ときには途方もない道草をし、何度も失敗や挫折を繰り返し、あれこれと模索しながら、ようやく自分がほんとうに欲しいもの、ほんとうに大切なものを発見していくのです。そこには膨大な時間と手間、そして紆余曲折のプロセスが必要です。むしろプロセスそのものがより大事な出来事であるとすら言えます。そのプロセスの中で、人間は忍耐すること、繰り返しチャレンジすることを学び、その分、多くの豊かな喜怒哀楽を味わい、人として成長し、人格的な深みを培っていくのです。

予期せぬ出会いとプロセス

　今日読んだ聖書の物語も、ある意味、そうしたプロセスを伝える物語です。ひとりの人間が他の人間のすごさやおもしろさを発見して成長する物語です。

　この物語の冒頭で主人公のイエスはほんとうは家の中に留まっていたかったと書かれています。休みたかったのでしょう。

疲れていたのかも知れません。そんな時、誰とも会いたくないという気持ちはよく分かります。

そこに登場する外国人の女性は、イエスに仕事を押しつけようとします。

「私の娘に悪霊がとりついて苦しんでいるので、うちに来て助けてやってください！」

イエスの答えは、「いやだよ。私の同胞であるユダヤ人のためならいいけど、なんで『犬』みたいな、あんたたち外国人のために仕事しなけりゃならないわけ？」でした。

「犬」というのは聖書の世界ではだいたい悪い意味で使われる言葉です。イエスという人はけっこう厳しい言葉を語ることのあった人ですが、それにしてもこれはかなりひどい言い方です（だいぶ疲れていたんだろうなあ）。

こう言われた女性は怒ってキレるかと思うと、あにはからんや、同じ「犬」という言葉を使ってこう切り返したのです。

「犬だってパンのおこぼれぐらいはもらうじゃないですか。犬だと思って面倒見てくださいな。」

この一言で、イエスの態度ががらりと変わります。

「よし分かった。あなたの信仰は見上げたものだ。娘の病気を治してやろう。」

ずいぶんお手軽な転身のようにも見えますが、私はここでイエスという人の心の中に大きな発見と変化があったのではない

かと思います。

　かなりきついかたちで拒絶した相手が、思いもよらないウィットに富んだ言葉で、イエスの少々しみったれた言い分をやんわりとたしなめ、同時に自分の娘を助けてほしいという必死の願いを押し通したのです。

　「これはなかなかすごいやつだ。面白い人間に出会ったな。おれの負けだな。」

　もしかしたらそんなことをイエスは感じたかも知れません。

　疲れているから休みたい。誰にも会いたくないときがある。自分のしたいようにさせてくれよ。

　「今・ここで・すぐに・おれは・ひと眠りしたいんだよ〜！」

　しかしそうした私の願いを無視して、押し入ってくる人間がいる。そしてああでもないこうでもないという不本意なやりとりが起こる。そうして、そのプロセスの中でだんだんと相手のすごさ、おもしろさに気づき、出会いの喜びを発見することがあるのです。

　曲がりくねった、自分で思い通りにならない経験の中で、実は人間として成長し成熟を遂げていくということが起こります。逆に、何でもかんでも自分の思い通りになる世界、わがままがまかり通る環境、言わば「いくらなんでも缶」のような世界の中では、深い味わいのある出会いというものは経験しにくくなっているのかも知れません。この世界には自分よりもすごい人

間、豊かな情をたたえた大きな人間、複雑で面白い人間がたくさんいるはずなのに、そうした出会いの機会が少なくなっているのかも知れません。

　私たちの周りには便利なものがたくさんあります。もちろんそれを活用するのはかまいませんが、人生の歩みというもの、そして人が人に成るというプロセスは、決してコンビニエントなやり方やインスタントなやり方でどうにかなるものではありません。それは実に手間ひまのかかるものであり、その手間ひまの中に実は大切なもの、意味のあるものがたくさん隠れているということを、私たちは覚えていたいと思うのです。

（2010 年 7 月 9 日）

あなたが遠くまで歩きたいならば
ひとりよりもふたりが良い

コヘレトの言葉4章9～10節

「ひとりよりもふたりが良い。
共に労苦すれば、その報いは良い。」　　（コヘレトの言葉4章9節）

あなたが遠くまで歩きたいならば

「もしあなたが速く歩きたいならば、ひとりで歩きなさい。けれども、もしあなたが遠くまで歩きたいならば、誰かと一緒に歩きなさい。」

これはアフリカのことわざだと言います。なかなか含蓄に富んだ、味わいのある言葉だと思いませんか。

「速く歩くこと。」

スピードアップ。

それは現代の社会で強く求められていることのように思いますし、私たちも早く、人よりも早く、歩くこと、進むこと、何かを達成することを、求めがちです。

ことに昨今のようなひどい不況の中では、3回生になるやいなや、早く就活を、早く内定を、早く安心をしたいという思いは、皆、切実なものがあるはずです。

必要と思われる何かを人よりも早く、場合によっては人を出

し抜いてでも手に入れたい、自分のものにしたい、安心したい……。そういう思いは、競争社会の傾向がますます高まりつつある現代社会にあって、むしろいよいよ強まらざるをえない願いなのかも知れません。

しかし人生は、就職して終わりというものではありません。その後には長い長い年月が待っています。現代では、仕事に限ってみても、一生、同じものを続けていくとは限りません。事実、私も10年ほど前に転職しましたし、今後またいつ別の仕事に変わるか自分でも分かりません。

人の一生は長く、人生を旅に例えるならば、それは遠くまで歩き続ける旅なのです。一時的に早く歩くことはできるでしょう。そうすることが必要な時もあるでしょう。しかし人は常に全力疾走できるわけではありません。

長丁場の旅を歩き続けるためには、それなりに自分のペースというものを身につけ、無理なく進み行くことのできる歩き方が必要になってきます。

そしてまたそこには一緒に歩いてくれる同伴者、仲間が必要になってきます。何か問題が起きたり病気になったりした時に助けてくれる人、人生の難しい問題を一緒に考えてくれる人、軽い話や冗談に付き合ってくれるような人が必要です。私たちは、そういった仲間、友人、恋人、家族といった同伴者と共に、長い長い人生を生きていくのです。

ひとりよりもふたりがよい

今日取り上げた聖書の中にも、同じことを語っている言葉が出てきます。

「ひとりよりもふたりが良い。

　共に労苦すれば、その報いは良い。

　倒れれば、ひとりがその友を助け起こす。

　倒れても起こしてくれる友のない人は不幸だ。」（コヘレト　4・9〜10)

今、ここにいる皆さんにそういう友人、仲間と言える人がいますか。もしいるとすれば、それはたいへん幸せなことです。

ここにいる皆さんの中で、もしまだそういう友人や仲間がいないとすれば、大学生活の中で、そういう出会いが一日も早く与えられることを祈りたいと思います。そういう人間関係というのは、一朝一夕にできあがるものではなく、また向こうから自然にやって来るわけでもありません。良い人間関係を築くためには、時間と努力が必要です。知恵と誠実さが求められます。良い人間関係というのは、ゆっくりと熟成されていく性質のもので、インスタントなものではありません。しかし、ひとたびそうした関係を得たならば、それが一生の宝になるということは絶対に間違いありません。

私自身を振り返ってみて、たしかに社会に出て、いろいろな

人に出会って、知り合いになり、人間関係の数とか範囲は広がりました。しかし、いちばん親しく付きあいつづけているのは、大学時代の友人であり、若い時代に出会った友人たちです。長い時間を共有してきた、お互いの若い頃からの良い面と悪い面、いろいろなことを知り、時に仲たがいし、時に問題を抱えながらも、それでもある一定の時代と状況を分かち合ってきた仲間というのが私には今でも何人かいます。

大事なことというのは、後になって分かってくることが多いのですが、人間関係にもそんなところがあるのでしょう。だれが自分の人生の同伴者となるのか、一緒に歩く友となるのか。今現在の時点では分からないということも、よくあるものです。だからこそ、今、私たちが出会うひとりひとりに十分敬意を払って、その出会いを大切にする必要があります。

『星の王子様』で有名なサン・テグジュペリがこんなことを言っているそうです。

「真の贅沢というのは、ただひとつしかない。それは人間関係の贅沢だ。」

私もほんとうにそう思います。

若い時代、学生の時代というのは損得勘定や打算というものなしに、人と人が出会える貴重な時間です。学生である以上、勉強することも大事ですし、遊びやアルバイトやいろいろな経験を重ねることもいいことですが、そうしたことのすべてを通

して、いろいろな人と出会うということこそ、おそらくいちばん大切なことなのではないでしょうか。人生のある時期に出会って、長い時間を共にすごす友というのは、何ものにも掛け替えのないもので、それは私たちの都合で任意に手に入れることのできるような便宜的なものではありません。

　「もしあなたが速く歩きたいならば、ひとりで歩きなさい。

　　けれども、もしあなたが遠くまで歩きたいならば、誰かと

　　一緒に歩きなさい。」

　そして、もうひとつ。

　「ひとりよりもふたりが良い。

　　共に労苦すれば、その報いは良い。

　　倒れれば、ひとりがその友を助け起こす。」

　ぜひ覚えておいて欲しい言葉です。

（2010 年 10 月 8 日）

「一路白頭ニ至ル」
留岡幸助とキリスト教

申命記8章6節

「あなたの神、主の戒めを守り、主の道を歩み、彼を畏れなさい。」
（申命記8章6節）

This One Thing I Do

「一路白頭ニ至ル」とは、"This One Thing I Do" を留岡幸助が意訳したものです。

"This One Thing I Do."

すなわち、「このひとつのことを私は行う」、「この一事に努める」という言葉であり、留岡はそれを「白髪になるまで、年老いるまで、このひとつの道を歩みつづけよう」、すなわち「一路白頭ニ至ル」と意訳し、自らの生涯の座右の銘としました。

留岡幸助がこの言葉を知ったのは、初めての渡米で、アメリカにおける監獄の実態とその改良について学んでいた時期のことでした。50年以上にわたって監獄の改良事業に身をささげたブロックウェーという人物からこの言葉を教えられたといいます。

従来の「懲罰主義」や「犯罪者は先天的に問題がある人間だ」といった考え方に対して、ブロックウェーは、良い修練と教育

を与えるなら人は犯罪など犯すものではないという信念を抱いていました。そうした彼の思想と実践を、留岡は日本における監獄改良事業において受け継いでいきました。留岡はやがて、そうした犯罪を芽のうちに摘み取るためにも、子どもの時代からの感化教育が重要であるという思いを抱くに至ります。そして当時の非行少年たちを集めた「家庭学校」という施設を作り、家庭的な雰囲気のもとで生活のすべてを共にするという、当時としてはまったく新しい試みを開始したのです。

　同志社初期の卒業生のひとりであり、社会福祉の分野で活躍したこの留岡幸助の名前は、皆さんもどこかで聞いたことがあると思います。彼は今も申しましたように、監獄の改良事業、そして少年の教育感化事業などに力を尽くした人であり、今日も北海道の遠軽に「北海道家庭学校」という施設が存在しています。

　留岡は、この「一路白頭ニ至ル」だけでなく、松尾芭蕉の「此道や行く人なしに秋の暮れ」という句を好んで口ずさんだと伝えられています。どちらも「路」や「道」という言葉が出てきますが、実際、留岡は北海道をはじめ日本の各地を足繁く訪れた旅する人でありました。そしてまた比喩的な意味においても、先人たちの未踏の領域に足を踏み入れ、みずから新しい道を作っていった人物だったのです。

　彼が生まれたのは 1864 年、元治元年といいますから、ちょ

うど新島襄が函館から日本を「脱国」した年です。岡山県の高梁に町民の子として生まれ、幼くして留岡金助という米屋の家の養子にもらわれていきました。「留岡」というのはこの養家の名です。

　留岡の生涯を語る時、しばしば語られる少年時代のエピソードがあります。それは8歳頃の出来事で、時はすでに明治であり、士農工商という江戸時代の身分制度は撤廃されたはずだったのですが、実際には意識の上からも生活習慣の上からも、まだまだそうした実態が色濃く残っていた時代のことです。

　今で言えば「小学校」からの帰り道で、留岡幸助とひとりの少年がけんかを始めました。相手が木刀で殴ってきたので、幸助はその手にかじりつき、けんかは幸助の勝ちとなりました。しかし負けた少年は士族階級の子どもで、翌朝、留岡の父親がその家に呼ばれました。その家の主人は自分の子どもの手に残った歯形を見せ、町民にすぎない幸助が士族の子に何ということをするのかと決めつけ、もうお前の家から米を買わないと告げたといいます。幸助の養父は家に帰ると、幸助を呼び、彼のせいで得意先が1件減ったことをなじり、幸助を折檻しました。

　子どもながらに幸助は大人の世界の理不尽さを思い、士族とか町民という身分をあげつらった理屈にも怒りを覚えました。よほど悔しかったのでしょう。実に60年以上も経った後、キリスト教徒としての50年間の歩みを感謝して開いた集いの中

で、留岡はこの少年の時に感じた憤懣を語っています。

　「私もキリスト教を信じる以前は、向かっ腹を立てる癖がありました。子どもには子どもの理屈がありましてどうにも私が悪いと思われない。悪くない自分を木刀でなぐるからやむを得ず食いついたのだ。（中略）一体この世の中はどうなっているんだい。こう言う感じを抱いたのであります。」（『キリストの証人たち〜地の塩として　3』172頁）

留岡幸助とキリスト教

　こうした留岡の向こう気の強さは終生のものだったようです。その人生はタフでバイタリティにあふれたものであり、自分一個の信念をどこまでも貫き通すという印象がつきまとっています。頑固一徹であり、往々にして独善的な人間にすら見えるのですが、しかしそれが利害損得を越えた無私のところから発する分だけ、ユニークでもあり、またユーモラスに感じられるという人物でもありました。

　この留岡が16歳の時、町に「西洋の軍談講釈師」が来たというので、彼は友達と一緒に出かけていきました。もともと彼はこうした講釈とか芝居が大好きで、とりわけその時は西洋人が語るという物珍しさも手伝って、喜んで駆けつけていったようです。

その講釈ではひとりの西洋人がたどたどしい日本語で語り、さらにふたりの日本人が短く語ったといいます。幸助は4、5回、この講釈に通ううちに、それが「軍談講釈」ではなく、キリスト教の伝道説教であることに気づきました。それまで気づかなかったというのもどうかしているように思いますが、ともあれ、この勘違いが契機となって彼はキリスト教に接することになったのです。

幸助にとって忘れられない言葉となったのが、「神の前に出る時には、士族の魂も、町民の魂も、皆同じ価値しかない、平等である」という意味の説教の一節だったといいます。

その時に説教をした西洋人というのがオーティス・ケーリー、日本人のひとりは同志社を出たばかりの金森通倫でした。

当時は「講義所」と言っていたようですが、現在の教会もしくは伝道所にあたる場所に通い続けるうちに、幸助は洗礼を受けてキリスト教徒になることを決意します。洗礼を受けるためには、口頭試験を受けて自分の信仰と志を表明することが求められていました。その面接の場で、ある人が幸助にこんな質問をしました。

「君は子どもの頃から儒教の教えを学んできたというが、今さらキリスト教が必要なのか。」

これに対して幸助はおおよそ次のように答えたといいます。

「たしかに自分には必要ないかも知れない。しかし、聖書は

91

仮名が振ってあって教養のない愚かな人間たちにも分かりやす
いし、そういう人たちを導くにはたいへん都合がいいように思
う。」

「上から目線」どころではない、この傲慢無礼な返答は試験
官を激怒させ、幸助は直ちに「落第」となりました。このあと
改めてキリスト教について学び直した幸助は、結局、翌年の
1882年、ようやく洗礼を受けることを許されました。そして
高梁キリスト教会において同志社出身の上代仮牧師から受洗し
ます。18歳の時のことです。井上勝也先生のお調べになった
ところでは、それは教会創立2回目の洗礼式であり、留岡と共
に6人の人が洗礼を受けたといいます。

たしかにこの最初の面接の時の留岡の答えは傲慢であり、
後々になっても留岡幸助のキリスト教理解には罪意識が希薄で
あると批判する人があったと伝えられています。留岡自身の信
仰、彼の内面がどんなものだったのか、私はまだ十分に学んで
いないので何とも言えません。しかし偶然というか必然という
か、この時、幸助がおそらくあまり深く考えないで語ったよう
に思えるこの言葉、つまり「自分のためというよりは、世のた
め人のために役立つからキリスト教に入信する」という言葉は、
奇しくも彼の後年の生き方を指し示す言葉となりました。

キリスト教の有用性？

　キリスト教が社会的に有用であるからこの宗教を奉じるという考え方は、ある意味、実に功利的であり実用主義的と言えるでしょう。こうした考え方はほんものではない、それはキリスト教を利用しているだけであって、真実の信仰ではないという批判があります。私もそう思います。

　しかしまた実際に私たちの人生や生活に影響を及ぼさないような信仰なら、果たしてそこに何の意味があるのか、それがほんとうのキリスト教と言えるのかという問いも当然起こってきます。それを敷衍していけば、キリスト教という信仰に基づいて生きようとする時、他者の問題、隣人の問題、広くは社会や時代の問題に関心を寄せないキリスト教とはいったい何なのか、それがキリスト教の信仰と言えるのか、という問いも出てきます。

　明治期のキリスト者たちの中には、キリスト教信仰と社会的問題との関わりを強く主張し、様々な実践を提起する人々が何人も出てきました。その中には、たとえ結果的にであれ、キリスト教を社会のために利用するという立場に立った人もいなかったわけではありません。

　実際、新島襄自身、「同志社大学設立の旨意」（1888 年）の中で、「良心を手腕に運用する人物」の育成をはかるために同

志社を設立したと記しています。その文脈の中で、「すでに人心を失っている儒教」では徳育の役に立たないので、その代わりに（という言葉は新島は直接使いませんが）と言わんばかりに、「ただ神を信じ、真理を愛し、他者に対する思いやりの情に厚いキリスト教」によらなければならないと考えて、「キリスト教主義を徳育の基本とした」と書いています。

これも読みようによっては、新島のめざす徳育教育に都合が良いので、儒教ではなくキリスト教を持ってきたと読めなくもない表現だと言えるでしょう。もちろん私は新島という人がそんなご都合主義の人物であったとは思いませんし、他のいろいろな文書やエピソード、ことに新島の他者に対する態度を見るとき、彼のキリスト教信仰は一本の太い筋の通ったほんものであったと考えています。

要するに（誤解をおそれずに言えば）、その人のキリスト教信仰がほんものであるならば、それはその個人の人格や人生に影響を及ぼすのみならず、その人の周囲の人々、またその人が生きている社会に対しても、何らかのかたちで必ず影響を及ぼすはずであるという信念が、新島にも留岡にもあったということなのだろうと思います。

それがどのくらい社会の変革に役立ったかとか、その人の人格や人間関係を変えたかという結果や成果だけで、キリスト教信仰の真偽を計ることはたしかに誤っています。しかしまた真

実の信仰が真実の実りを結ぶという事実、良き信仰の副産物として良き行為、良き人間性、良き社会を育むことがあるという事実を、私たちは否定すべきではありません。

留岡幸助と同志社

さて洗礼を受けてキリスト者となった幸助を待っていたのは、養父からの激しい反対、そして迫害でした。当時はまだキリスト教に対する偏見の強い時代であり、留岡が属していた高梁教会にもしばしば石が投げ込まれたりしました。今でもその中のひとつ、かなり大きな石が「迫害石」という名前でこの教会に残されているそうです。

紆余曲折のあげく、幸助は高梁の家を親に無断で出て、1883年2月、京都の同志社にやってきます。新島襄は19歳の青年・留岡幸助に初めて会った時のことを日誌にこう書き留めました。

「明治16年3月28日、備中高梁の富岡幸介（ママ）なるもの、父の
　迫害を蒙りしに、能く脱走して此地に来る。」

函館から日本を「脱国」した新島とは比べものにならないかも知れませんが、留岡にとっては、初めて親元を離れ、故郷を捨てて、彼自身の人生へと踏み出した第一歩でした。彼の踏み出した人生の道、その後に続く長い人生の旅路において、そのスタートとなったのが京都であり、この同志社でした。

留岡はこの時、正式に同志社に入学したわけではなく、言わば「もぐり」のような存在でした。すでに学生となっていた同郷の友人から食物を分けてもらいながら、現在のアーモスト館のすぐ隣りあたりにあった「三十番教室」と呼ばれる教室兼学生寮で寝泊まりしていたと伝えられています。

　この時の家出はまもなく養父の知るところとなり、無理矢理、家に引き戻されます。しかしやがて留岡は再び家を出て、今度は四国の今治に行き、さらにもう一度京都に来て、正式に同志社の学生となります。彼は在学中に監獄の問題とその改良の事業に打ち込んだジョン・ハワードという人物を知り、この方面への関心を抱くこととなりました。

　留岡は卒業後、丹波第一教会（現・日本基督教団丹波新生教会）の牧師として京都北部で働きました。その後、監獄の囚人たちのために働く教誨師として北海道へ移り、さらにアメリカへ渡って学び、帰国後は日本各地で福祉事業のために働き続ける一生を送ることになります。

　今日お話ししたのは、留岡幸助の波乱に富んだ生涯の始まりのところにすぎません。けれども生涯にわたって彼が持ち続けた社会と福祉への関心に、留岡が初めて開眼したのは同志社在学中のことだったのです。同志社でのそうした原点から始まって、「白頭」にまで至る一本の道を歩み通すという生き方を貫

いた留岡幸助というキリスト者が、私たちの先輩のひとりとして存在したことを、皆さんにもぜひ記憶しておいていただきたいと思います。

(2010 年 11 月 2 日／ Doshisha Spirit Week)

「だめだこりゃ」と「これでいいのだ」
神のふたつの顔

イザヤ書 54 章 4 〜 10 節

「わずかの間、わたしはあなたを捨てたが、
深い憐れみをもってわたしはあなたを引き寄せる。」

(イザヤ書 54 章 7 節)

「だめだこりゃ」と「これでいいのだ」

「だめだこりゃ」というのは、今はなきお笑いグループ、ド
リフターズのリーダーだった、いかりや長介さんが得意として
いたフレーズです。

私が子どもだった頃、毎週土曜日夕方に、「8時だョ！全員
集合」というテレビ番組があって絶大な人気を誇っていました。
その中でドタバタの喜劇やタレント同士のやりとりがあった後
に、最後の締めのセリフとして、いかりやさんが投げかけるの
が、「だめだこりゃ」だったのです。

もうひとつの「これでいいのだ」は、ご承知のように漫画家
の赤塚不二夫さんが「天才バカボン」のパパに言わせるフレー
ズです。

こちらもまたはちゃめちゃでどうしようもないストーリー展
開の結末の場面で、バカボンのパパが出てきて、言います。

「だめだこりゃ」と「これでいいのだ」

「これでいいのだ」。

一方に「だめだこりゃ」。他方に「これでいいのだ」。

否定と肯定。

拒絶と承認。

このふたつのセリフはまったく正反対です。

私たちがもし誰かから、「だめだこりゃ」と言われたとすれば、どうでしょうか。

うれしいはずはありません。落ち込む。怒る。くやしい。悲しい……。いずれにしろ楽しい気分になれるわけはありません。とりわけ今の皆さんのように、自分自身のアイデンティティを形成していく大切な時期である青年期に、「だめだこりゃ」と決めつけられるような経験が連続すれば、皆さんはいったいどういう人間になっていくことでしょう。

「自尊感情」という言葉があります。自分自身の価値を自分で認めること、自分の存在を肯定的に捉えることであり、私たちが生きていくための最も基本的な前提となる意識であると言えるでしょう。ところが、こうした自尊感情を健全なかたちで育てるのは、なかなか難しいのです。

その難しさの原因のひとつは、他者から自尊感情を傷つけられたり否定されたりして、自分自身の価値を自分でも認められない状況、自分で自分を否定するような出来事が、しばしば起こることがあるからです。

99

他方、もうひとつの自尊感情の問題として、不健全なかたちで自分自身を「尊重」するという場合があります。つまり行き過ぎた自己肯定や自己中心主義に陥ることから生じる問題です。

先年、キリスト教文化センターの公開講座でお招きした心理学者の香山リカさんがこういう話をしておられました。香山さんがある大学で働いていた時、就職活動がうまくいかない学生がやって来て、「自分なんかダメなんだ。社会は自分を必要としていないんだ」という意味の嘆きをもらしたというのです。そこで香山さんはいろいろ骨を折って、ある事務関係の仕事をその学生に紹介してやりました。ところが、その会社というのがいわゆる一流企業ではなかったために、その学生は「先生は私をその程度の人間だと思っていたんですね……」と、かえって怒らせてしまったというのです。

ここには難しい問題が含まれています。一見、自信のない自己否定的な学生も、心の奥底では強い自己肯定の意識を持っており、善意からとはいえ、香山さんがそうした隠された核心部分に触れるようなことをしたために、強烈な反発が生じたということなのでしょう。

先ほども言ったように、青年期はアイデンティティを形成する途上にあり、自己肯定と自己否定がくるくると現れては消えていくようなことがしばしば起こります。友達の一言や二言でやけに自信を持つかと思えば、同じく友達の一言や二言ですっ

かりへこんでしまうこともあります。いろいろな経験を重ねる中で、そうした他者の一言や二言では揺るがないような「自分」というアイデンティティを形作っていけるはずなのですが、しかし実際には必ずしも皆が皆、順調にそうした「自分」を確立していけるとは限りません。

「しばしあなたを捨てたけれども」

今日読んだ聖書箇所をもう一度見てみましょう。ここでは、神が人間に向かって語っています。7節と8節を読みます。

「わずかの間、わたしはあなたを捨てたが、

深い憐れみをもってわたしはあなたを引き寄せる。

ひととき、激しく怒って顔をあなたから隠したが

とこしえの慈しみをもってあなたを憐れむと

あなたを贖う神は言われる。」

絶対の善であり、絶対の正義であり、絶対の真理である神から見れば、私たち人間は、誰一人として例外なしに、皆が皆、「だめだこりゃ」なのです。ちょっとくらいましなところがあろうとあるまいと五十歩百歩です。神の前に立つ時、すべての人間は絶対的に否定される存在です。キリスト教では人間のそうした姿を「罪人」と表現しますが、神の前にあってすべての人間は「罪人」であり、正しい人、良い人、肯定されるに足る人間

101

はただのひとりも存在しません。

　しかしまたそれと同時に、そうしたすべての人間の存在を絶対的に肯定するのも、この同じ神なのです。すべての人間は神がお造りになったものであり、人間に対して神は最後までその責任を取ってくださいます。神は私たちを見捨てず、どこまでも憐れみと慈しみを注いでくださいます。神は私たちに向かって、それでもとにかく、「これでいいのだ」と宣言してくださるのです。

　私たちは一時的な気分やかたくなな思い込みに振り回され、人間同士の評判とかこの世の評価に流されがちです。そうしたものによって、喜んだり悲しんだり、自分を肯定したり否定したりしがちです。しかしそうしたものよりもはるかに深いところで、神は私たちの存在の絶対的な根拠となってくださいます。

　神は、私たちがこの世の現実の中でおごり高ぶることがあるような時には絶対的な否定を、反対に打ちひしがれて倒れそうになっている時には絶対的な肯定を、そしていずれにしても私たちに対する限りない愛をもって、私たちが生きること、私たちが私たちであることを認めてくださっているのです。

　絶対的否定と絶対的肯定。

　徹底的な拒絶と徹底的な承認。

　「だめだこりゃ」と「これでいいのだ」。

　聖書は、神がこのように相反するふたつの顔を同時に備えて、

「しばしあなたを捨てたけれども」

私たちの前に立っておられることを語っています。私たちはそのような神の前で、愛されて、赦されて、そして生かされて、生きるのです。

（2011 年 6 月 24 日）

God Bye in Peace
「安心して行きなさい」

民数記6章24〜26節、ルカによる福音書8章43〜48節

　「主があなたを祝福し、あなたを守られるように。」

（民数記6章24節）

　「娘よ、あなたの信仰があなたを救った。安心して行きなさい。」

（ルカによる福音書8章48節）

God Bye in Peace

　秋学期の講義も最終週となりました。これから試験期間、そして年度末、さらには少し早いですが卒業式のシーズン、別れの季節に向かう時となります。今日は今学期のチャペル・アワーのテーマである「平和」について、とくに今年度で同志社を巣立っていく方々を念頭に置きながら、お話しさせていただきます。

　今日、私は "God Bye in Peace" という奨励題を掲げました。"God Bye" というのは奇妙な綴りです。本当は "Good By" と書くべきところですが、語源的には God Bye が正しいのだそうです。もっと正確に言うと、英語の「グッド・バイ」（さようなら）は "God Be With Ye (You)" を縮めたもので、「神があなたと共におられるように」というのがもともとの意

味であるといいます。ですからそれは "Good Morning" とか "Good Evening" といった言葉とは語源的にまったく異なるものですが、習慣的に使っているうちに God が Good に延び、Be With Ye (You) は最初の B と最後の Ye だけが残って Bye となったということのようです。

奨励題の最後の "in Peace" は私が付けた追加の言葉ですが、「神が共におられます、平和のうちに行きなさい」という意味で理解していただきたいと思います。

「平和」の三つの次元

さて、今学期のチャペル・アワーの統一テーマとして掲げられている「平和を実現する人々は、幸いである、その人たちは神の子と呼ばれる」はマタイ福音書5章9節に出てくる言葉です。

改まって「平和」と言われると、たとえば「戦争と平和」とか「世界平和」などといったことを連想するかも知れません。しかし平和というのは決してそうした大がかりな次元にだけ関わるものではありません。

私はきちんと平和学というようなものを学んだ人間ではありませんが、自分なりの理解では、少なくとも3つの次元での平和というものを考えてみる必要があると思っています。それは

God Bye in Peace

まず第1に今も言いましたような世界全体も含む「社会的次元
での平和」です。第2に私たちの日常生活で関わる親しい人々
との間の平和、つまり家族とか友人、学校や職場の仲間など、「私
たちにとって意味深い人々との間における平和」「身近な人間
関係における平和」という次元です。そして第3に「私自身に
対する平和」という次元です。この第3の平和は「自分自身を
きちんと受け入れられるか」という課題として理解してもらっ
てもいいかも知れません。すなわちそれは自分自身の健全なア
イデンティティということに関わる問題です。

　これら3つの次元の平和はすべてが重要であり、そのすべて
に平和が満ちあふれている時にこそ、私たちはほんとうに平和
であると言えるのだろうと思います。また私たち自身も、主体
的にそうした平和を創り出していくことが求められているのだ
と思います。けれども悲しいことには、こうした3つの次元の
平和はつねにすべてが実現しているわけではありません。むし
ろつねに問題をかかえているのが現実であって、私たちの人生
において、3つのうちのひとつ、ふたつ、あるいは3つ全部が、
平和ではないという場合も決してまれなことではないのです。

第1の平和の次元

まず第1の平和について、すなわち世界の平和、社会の平和

106

ということを考えてみると、戦争や紛争のない時代、あるいは飢餓や病気による苦しみのない時代というものが、人類の歴史の中でどのくらいあったのでしょうか。日本の場合だけを取り上げてみても、この60年あまり、直接私たちの国が戦争の当事者になることこそ起こりませんでしたが、しかし今なお沖縄はじめ国内各地に軍隊の基地をめぐる問題があります。また長期の不況のもとで経済的格差や雇用の問題が深刻化しつつあります。毎年3万人の自殺者が出るという現実があります。さらに東日本大震災の地震や津波によって、また原子力発電所の事故によって、生活を脅かされ健康を脅かされている多くの人々が存在する現実があります。こうした事例を取り上げるだけでも、私たちの社会が平和であるというわけにはいきません。

　私たちを取り巻くこうした大状況としての平和に関わる問題が完全に解決される日がいつやって来るのか、私たちには分かりません。しかしそれがまだ実現されていない中でも、私たちは生きていかなければなりませんし、生きて来たし、これからも生きていくことになるのです。

第2の平和の次元

　第2の次元における平和も、それを実現することは決して簡単なことではありません。ことに今ここに集まっておられる学

生の皆さんのように、20歳前後の思春期、そして社会人への入口にある方たちにとって、この第2の次元の平和はとても切実な問題ではないかと思います。

今は生まれによって身分や職業が決まっているという時代ではありません。また一度どこかの会社に就職すれば、それで人生の先行きが見通せるという時代でもありません。人間関係はより複雑なものとなっており、家族や友人といった親密な人々との関係も、よく言えばひじょうに繊細、悪く言えば脆弱なものとなっている印象を受けます。最近の多くの人々の携帯電話やメールの使い方を見ていると、私はあきれた思いを抱く一方で、時として痛々しさを感じることがあります。ことに中高生とか大学生の場合、どうしてそこまで頻繁に細々と友人や仲間と連絡を取る必要があるのだろうかと思い、いやむしろそうしなければ安心できないような人間関係の難しい時代を彼ら彼女らは生きているのかも知れないと考えることもあります。

しかし、振り返ってみれば、それは若い人たちだけでなく、実は私も含めて、この時代に生きる大半の人々が感じている人間関係の難しさなのでしょう。家族の関係、親子や夫婦のかたちも急速に変化し多様化しつつある時代です。このような人間関係の基本的なモデルと考えられてきたものですら、現代は定番と言えるものを失いつつあるように見えます。評論家の中には、将来、家族というかたちそのものが失われる可能性を示唆

する人さえいるといいます。

東日本大震災の後、「絆」という言葉が一種のブームとなり、「家族が一緒に普通の生活ができる」ことがどんなにすばらしいかということを語る声が日本中に溢れました。震災とその結果はたしかに私たちに多くのことを教えましたが、翻って考えてみると、そうした声は、実はもっと以前から私たちの間で「絆」や「普通の生活」があやうくなっていたという現実を反映するものなのかも知れません。しかしまた私たちは仮に家族や友人、親しい人々との間に平和が成り立っていないときにも、やはり生きていかなければならないのです。

第３の平和の次元

さらに第３の平和、自分自身との平和については、おそらく誰もが悩んだり苦しんだりしている課題ではないかと思います。私自身の場合も、あまりにも安易に自分を甘やかしていたり、あるいは逆に過度に自分を否定してみたりと、今に至っても自分自身に対する関係において、うまく折り合いをつけることに困難を覚えることがあります。

しかし自己に対する平和ということで言えば、おそらく思春期という人生の過渡期にあって、夢や希望に溢れると同時に不安と悩みに満ちた時を生きている皆さんのほうが、私とは比べ

109

ものにならないくらいの、大きく深刻なリアルタイムの問題として それに直面しているのではないでしょうか。

受け入れるに値しないように見える自分自身を嫌になったり、それを直視することから逃げようとしたり、あるいはまた「幸せの青い鳥」がどこかにいるような幻想に迷ったり……。自分のあるがままの姿を水増しすることなくまた割引することもなく、静かに落ち着いて、きちんと受け入れるということは実に難しい問題です。しかしたとえそのように自分自身を受け入れることが困難であり、自己との間に平和な関係が保たれていないときであっても、私たちはやはり生きていかなければならないのです。

3つの次元の平和。そのひとつ、ふたつ、あるいは3つすべてが成り立っていないときであっても、私たち人間は生きていかなければなりません。人間の歴史、人間の生とは、こうしたいくつもの次元において平和ではない状況を抱えながら、何とかして生き抜いてきた歴史であり、歩み続けてきた生であるとも言えるのです。

12年間の病を抱えた女性

今日の聖書を見てください。ここに、「十二年間このかた出血が止まらず、医者に全財産を使い果たしたが、だれからも治

してもらえない女がいた」と記されています。「12年間」です。「全財産を使い果たした」のです。それにもかかわらず、「だれからも治してもらえなかった」というのです。

彼女の人生は悲惨です。先ほど取り上げた3つの平和はどれも成り立っていません。

平和の第1の次元について言えば、そもそもこの時代はユダヤ人の社会が強大な力を持ったローマ帝国によって支配され、植民地化されていた時代です。「パックス・ロマーナ」はローマ人にとっての平和であったにすぎません。また当時のユダヤ人社会は女性差別を当然視するような世界でもありました。そうした社会の中で、それでも彼女は生きていたのです。

平和の第2の次元に関しても、この場面に彼女の身近な人々、家族や友人は登場しません。そうした人たちはどこへ行ってしまったのでしょう。福音書の別の箇所には、体の不自由な人をイエスのもとに連れてくるために一生懸命がんばった友人たちのエピソードが残されています。彼女の周りにそういう人はいなかったのでしょうか。当時、女性の出血異常の症状は宗教的に汚れた病気とみなされており、皆がそういう人に触れることを避けたといいます。家族や友人ですら彼女を避けたのでしょうか。聖書がここで、「だれからも治してもらえなかった」と告げている「だれからも」という言葉の中に、彼女がたんに医者だけでなく、友人や家族を含む周囲のすべての人々から見放

111

されていたことを読みとろうとするのは行き過ぎた解釈でしょうか。

　平和の第3の次元、自分自身に対する平和で言えば、12年間という長い期間、不健康な体を持つ自分、また宗教的にも汚れた存在と見なされざるを得なかった自分に対して、彼女が心穏やかに満足していたとは思えません。こういう病気に取り憑かれた自分に対する情けなさ、怒り、葛藤、あきらめ……。そういったネガティブな思いが渦巻いていたのではないかと思います。

　しかしその彼女が、今あるがままの自分に完全に絶望しきっていたわけではないことは、この場面で何とかして治りたい、救われたいと願って、わざわざ人混みの中でイエス・キリストのもとに近づいてきたということからも察せられます。彼女は自分を受け入れないままで終わりたくなかったのです。自分自身をもう一度取り戻したい。自分自身との間に平和を創り出したいのです。平和が成り立っていないときにも、彼女はそのようにして生きてきたのであり、生きているのであり、そして生きていこうとするのです。

第4の平和の次元〜「安心して行きなさい」

　福音書はこの女性の願いが成就したことを告げます。彼女は

ひそかにイエスの衣に触れ、そして治りました。

彼女を癒したはずのイエス自身、何が起こったのか分かりませんでした。彼女の熱意が癒しをかちとったのです。イエスはむしろ彼のほうが必死になって、自分に触れたのが誰であったのかを知ろうとし、彼女を捜し出します。そして彼女に向かってこう言います。

「娘よ、あなたの信仰があなたを救った。」

「あなたの信仰」というのは、「信頼」と言い換えてもいい言葉です。神に対する、あるいはイエスに対する「あなたの信仰／あなたの信頼」があなたを救った。

神もしくはイエス・キリストに対するこうした信頼、そこから生まれてくる関係を、私は平和の第4の次元と言いたいと思います。それは、この世界、隣人、自分自身との間に平和が成立していないときであっても、そしてこの世界も、隣人も、自分自身も信頼できないように思われるときであっても、それでも究極的な意味で私たちを支える平和のことです。

このような第4の平和、そしてそれをもたらす究極的な信頼に値するものこそ、私たちがこの世のすべてに絶望するときにも、人生が生きるに値しないように思われるときにも、私たちを支える「すべての平和の根拠となる平和」であり、「あらゆる信頼の根拠となる信頼」なのです。

イエス・キリストは言います。

113

God Bye in Peace

「安心して行きなさい。」

この「安心」は原文では「エイレーネー」というギリシア語です。「エイレーネー」はふつう「平和」と訳される言葉です。おそらくもともとの場面では、イエスはヘブライ語の「シャローム」（平和）という言葉を告げたのでしょう。つまり彼は彼女に向かって、「平和のうちに行きなさい」と告げたのです。

12年間の病気。そこから生じる痛みや悩みや苦しみ、人間関係の問題、自分自身に対する葛藤……。そうしたものから解き放たれて、今、この女性は新しい人生に踏み出すのです。

「あなたの信頼する神はあなたを決して見捨てない。平和のうちに行きなさい。」

あえて付け加えるなら、病気が治ったからといってこの女性の残りの人生がハッピーエンドに終わったという保証はまったくありません。その後も病気はぶり返したかも知れないし、そうでなくともいろいろな病気にかかったり、生活に困窮したり、また人間関係で悩んだり、自分自身がいやになったりすることもあったでしょう。しかしそうであっても、12年目にめぐりあったイエスとの出会い、そして平和を告げるその言葉は、彼女の残りの人生を支えるものとなったのではないかと思います。

考えてみてほしいのは、彼女がそうした新しい人生に踏み出すまでに12年間という年月が横たわっていたことです。12年は長いのでしょうか。それとも短いのでしょうか。私たちが真

第4の平和の次元〜「安心して行きなさい」

の平和の根拠となるものを見出すためには、それは必ずしも長すぎる期間ではないかも知れません。少なくともこの女性にとってこの12年間は決して無意味ではありませんでした。

　人生の意味は後になって分かってくることがあります。即断してはいけません。あきらめてもいけませんし、投げ出してもいけません。また分かったようなつもりになって、人生や自分自身を見くびるようなことがあってもいけません。

　皆さんがこの同志社を離れて、真に信頼に値するもの、皆さんにとって真の平和の根拠となるものを見出すまでには、5年、10年、そして12年といった年月が、また様々な人生経験が必要となることを心に留めてほしいと思います。同志社を離れ、これからの長い歩みに一歩を歩み出す皆さんに、「さようなら」という意味ではなく、「神が共におられます、平和のうちに行きなさい」という意味を込めて、"God Bye in Peace"という言葉を贈ります。

　ここにいる皆さんすべてがキリスト者だとは思いませんし、将来もキリスト者になることはないかも知れませんが、しかしそうであっても神は皆さんのことをいつも見守っておられます。

　"God Bye in Peace"――「神があなたと共におられます、安心して行きなさい。」

（2012年1月24日）

「しかし、今すぐにではなく」
アウグスティヌスの『告白』から

ローマの信徒への手紙 13 章 11 ～ 14 節

「あなたがたが眠りから覚めるべき時が既に来ています。」
（ローマの信徒への手紙 13 章 11 節）

アウグスティヌス

アウグスティヌスは紀元 354 年に北アフリカで生まれ、430年に亡くなっています。初期キリスト教会におけるもっとも重要な指導者のひとりであり、神学者としても現在に至るまでカトリック、プロテスタントの双方に大きな影響を及ぼしている人物です。

最近、私はあらためてアウグスティヌスの神学的自伝と言われる『告白』という本を読みました。キリスト教文学としても古典的な作品ですが、今から 1600 年以上も前の人物が、自分の生まれた時から始まって、幼年期、少年期、青年期、そして当時としては壮年である 30 代前半までの人生の歩みをまとめた文書です。古代の書物であり、またキリスト教を意識して書かれた書物であることから、学生の皆さんには分かりにくい箇所もあるかもしれませんが、それでもそうした制約や限界を超えて、現代の私たちに訴える大切な内容をもった本であると思

います。

『告白』という題名は、アウグスティヌスが神に向かってこれまでの自分の生き方を「告白」する、とくに長く神のもとから離れ去っていた自分の罪を「告白」するという意味をこめて付けられたタイトルです。ですからこの本の文章は、終始、アウグスティヌスが神に語りかけるというスタイルで記されています。

この本の底流にあるもの、そしてその真のテーマは、人間は神によって創造された存在であり、それゆえに神のもとに立ち帰る時にはじめて本来の自分自身であることができるという信仰の告白です。しかしまたこの本は、なかなかそうした本来の神と人間の関係に立ち帰ろうとしない人間の現実のありさまを、自らの経験から描き出し、省察し、探求した本でもあります。

最初にアウグスティヌスは次のように書いています。

「あなたを讃えることが

　喜びであるように、

　それは、あなたがわれわれを

　あなたに向けて創られたからです、

　そのためわれわれの心は

　あなたのうちに憩うまでは

　安らぎを得ません。」（1－1－1）

117

「しかし、今すぐにではなく」

　今日の奨励題とした「しかし、今すぐにではなく」という言葉も、『告白』の中に出てくるものです。それはアウグスティヌスが、彼の過ごした放埒な青年時代を振り返る箇所で、自嘲と反省を込めた叙述の中に出てくる言葉です。

　「ところが、わたしは青年時代、まことに惨めで、特に青年期初期には惨めでした。たしかにわたしはあなたから貞潔を祈り求めたことさえありました。ところがわたしは『わたしに貞潔と節制を与えてください、でも今すぐにではありません』と言ったのです。というのは、わたしはあなたがわたしの祈願を直ぐに聞き届け、すぐに肉欲の病からわたしを癒やしてくださるのではないかと、恐れていたからです。わたしは、この病が取り除かれることよりも、むしろ満たされることを望んでいました。」（8－7－17）

　率直と言えばまったく率直です。アウグスティヌスは清い真実な生き方を求めながらも、それが今すぐ実現するのではなく、当面は自分の欲望を満たすことをまず第一に望み、神のもとへ立ち帰るのはもっと後のことになるのを願ったというのです。ここには「自覚的なモラトリアム人間」と言うべき彼の姿が垣間見えるように思います。

　この青年期のことをアウグスティヌスはさらに次のように語

っています。

　「19歳から28歳までの9年間、わたしは様々な情欲のな
　かで、誘惑されたり、誘惑したり、騙されたり、騙したりし
　て、過ごしました。」（4－1－1）

演劇やスポーツに情熱を傾けていたかと思うと、友人たちと
の馬鹿騒ぎのようなことも、アウグスティヌスは盛んにやって
いたようです。彼は18歳の時からある女性と同棲を始め、子
どもまでもうけたにもかかわらず、最後には他の女性と正式に
結婚するからという理由でこの女性と別れています。

　この時期のアウグスティヌスは精神的な領域においても様々
なものに関心を寄せていました。彼は19歳の時にキケロの書
いた『ホルテンシウス』という真理を追求することの大切さを
記した書物を読み、哲学の世界に導かれたと書いています。残
念ながら、この『ホルテンシウス』は今日にまで伝わっていな
いので、どういう内容のものだったのか分かりません。また宗
教に関しても、当時、ローマ帝国においてキリスト教と並んで
多くの人々を魅了していたマニ教という宗教の信徒となりまし
た。後にアウグスティヌスはマニ教に対する批判を書いていま
すが、彼自身、その内側にいた人ですから、マニ教の何たるか
をよく知っていたのです。さらにアウグスティヌスは占星術に
も興味を抱いていました。当時の占星術はたんなる占いという
よりも、一種の天文学のような、今で言えば科学的な学問と見

られていたようです。彼はこの占星術がキリスト教から批判されていることを知りながら、一時はずいぶん凝っていたようです。

「人間が人間であることを自覚し」

アウグスティヌスが16歳だったとき、遊び仲間といっしょになって他人の土地に入り込み、たくさん実のなっていた梨の木を揺らし、その実をすべて叩き落とすといういたずらをしでかしました。この時のことを振り返って、アウグスティヌスは人が何で悪事を行うのかということを自己分析しています。彼によれば、その時、彼とその仲間は別に梨の実が食べたかったわけではなく、ただ禁じられていることを破るということ、それそのものを楽しむために、こうした悪事を働いたのだと記しています。

　「盗みでわたしを楽しませたのは

　　盗んだものではなく、

　　盗んだことでした。」（2 − 9 − 17）

また彼はこういうことも言っています。

　「ところで、わたし一人だけでは

　　盗みをしなかったでしょう。（中略）

　　つまり、わたしはあの場で

「人間が人間であることを自覚し」

　盗みを共に働いた人々との

　連帯を楽しんだのでした。」（2－8－16）

　つまり悪事はそれ自体に魅力があり、それも友人たちとの付き合いとして行うことに魅力があったというのです。

　後年のアウグスティヌスは、人間の意思には大きな限界があること、それゆえ人間の救いは神の側からの一方的な恩恵に頼り切るしかないという主旨の神学的主張を展開しますが、そのような主張の背後には、彼自身が若い頃に経験した人間の弱さや悪しき傾向をめぐる数々の愚行や失敗、そしてそれに対する深い実存的な洞察が横たわっていたのだろうと思います。

　さて『告白』の中には、こうした様々な経験を積み重ねながら、とうとうそれまでの歩みに行き詰まったような感じで、ついにアウグスティヌスが神のもとで回心し、キリスト教の信仰へ立ち帰っていく場面が描かれています。その伏線となったのは、熱心なキリスト教徒だった母モニカの粘り強い祈りと願いであり、親友の突然の死と病の床で彼が受けた深刻な経験であり、そして劇的なかたちで回心して神への信仰に至った同時代のキリスト教徒たちの生き方を学んだことでした。アウグスティヌスは長い巡礼の旅路を経て、最後に神のもとへ、彼が本来憩うべき方のもとへとたどり着くのです。

　今日、お読みいただいたローマ書の一節は、アウグスティヌスが劇的な回心を体験した際、「（聖書を）手にとって読め」と

121

いう神の啓示と思われる声を聞いて、手近にあった聖書を開いた時に、たまたま目にした箇所でありました。

「あなたがたが眠りから覚めるべき時が既に来ています。」

（13・11）

「酒宴と酩酊、淫乱と好色、争いとねたみを捨て、主イエス・キリストを身にまといなさい。欲望を満足させようとして、肉に心を用いてはなりません。」（13・13〜14）

「今すぐにではなく」と、アウグスティヌス自身が引き延ばしてきた時が満ち、長年にわたって引き延ばしてきたその時が来たのです。

アウグスティヌスは神を神とし、その前に生きる人間として歩み始めます。

『告白』のその後の部分に次のような文章が記されています。

「ああ、何といいことでしょうか。

もし人間が人間であることを自ら自覚し、

誇る者は、主〔神〕において誇るならば。」（9－13－34）

人の一生を顧みて

アウグスティヌスの人生を大きく二つに分けると、前半にあたる32歳の時までは放蕩者とも言うべき好き勝手な人生を、

そして後半の40年あまりは神に仕え人々に仕えるキリスト教会の指導者としての人生を歩んだと言えます。

『告白』はアウグスティヌスが40歳を過ぎてから書かれたものであり、回心してから10年ほどたった後の作品です。そういうことからすれば、すでに北アフリカの教会の有力な指導者となっていた人物が、自分の若い時代を振り返って記した回心と懺悔の記録であり、ある意味ではキリスト教徒としての逆説的なサクセスストーリーであると言えないわけでもありません。この文書の魅力はアウグスティヌスが自分の内面を赤裸々に描いていることにあるのですが、それすらも、すでに回心を経験し、神のもとで憩うことを得た人間の満足と安心を言い表していると理解することができるでしょう。

しかしまた違う角度から見れば、ここでアウグスティヌスは、彼の人生の前半の歩みを、その後半の歩みから見つめ直し、捉え直そうとしているのだと言うこともできます。アウグスティヌスが彼の人生を美化したり、露悪趣味的な意図を持って教訓的な話の材料にしたりするために、この文書を書いたとは思えません。そうではなくて、彼は彼自身の人生を自分なりに理解し、意味づけるために、そして過去を現在に結びつけ、さらにこれから先の未来への歩みに結びつけるために、この『告白』を書いたのだと思います。

人生の全体を見渡すということはたいへん難しいことです。

「しかし、今すぐにではなく」

　私たちの人生には最初から決まったコースがあるわけでもなく、決まった意味が与えられているわけでもありません。悲劇や喜劇と言うべき出来事にランダムに出会うことがあるかと思えば、良いと思っていたことから悪い結果が生じたり、その反対のことが起こったりします。

　私の人生が良いものであったかどうか。そうした人生の評価は、全体の中の一時期だけ、一部の出来事だけを取り出して判断できるものではありません。また、「人生には良いときもあれば、悪い時もあるさ」というような断片的で刹那的な捉え方も、人生を正しく理解しているとは思えません。

　ひとつの局面だけを見て、人生に絶望したり、人生を甘く見たりすることは間違っています。人生は複雑で重層的なもので、その意味や価値は自分自身ですらよく分からないほど深遠な次元に及んでいます。人生は難しいです。しかし私たちは皆、そのように難しい人生を、それぞれが最後まで歩み続けていかなければならないのです。

　アウグスティヌスの場合、神という超越的存在を知り、この神に信頼することによって、キリスト教の信仰という視点から自分の人生の全体を捉え直した人であったと言えるかも知れません。人生の表面において生じる個々の出来事はともかくとして、自分の人生の背後には恵みと憐れみに富む神が存在し、大きく見れば自分の人生はこの神の愛のもとにあったと気づくこ

とによって、アウグスティヌスは自分とその人生を意味づけ、理解し、そして感謝するのです。言い換えれば、アウグスティヌスは彼の人生の意味、その人生のストーリーの中心に神がおられることを発見したのです。

　もちろん誰もがアウグスティヌスのような人生をたどるわけではありません。しかし、人は誰もが自分自身の人生を生き、自分自身の人生の意味を探り続けなければなりません。

　そうした人生の意味をあまりにも性急に理解したり結論づけたりする必要はありません。またそうすることは間違っているように思います。人生の意味、その全体の意味をほんとうに知るためには、アウグスティヌスの場合とは少し違った意味で、「しかし、今すぐにではなく」という願いを私たちも持つべきなのではないかと思います。

　「今すぐにではなく」、しかしいつかやがて時が満ちて、皆さんが人生を全体的なまとまりとして受けとめ、自分の生をひとつの意味深いつながりとして理解し、それが究極的には「良いものであった」と受容できるようになることを祈りたいと思います。そして願わくば、皆さんの人生の背後に神の愛の導きがあったということを、いつか皆さんが気づいてくれることを私は期待しています。

（2012 年 7 月 25 日）

まだ行ったことのない所がある
まだ会ったことのない人がいる
イエスとサマリアの女

ヨハネによる福音書4章1〜15節

「サマリアの女が水をくみに来た。イエスは、『水を飲ませてください』と言われた。」　　　　　（ヨハネによる福音書4章7節）

まだ行ったことのない所がある

　私が大学生だった頃、今から30年以上前ですが、夏休みになるとサイクリングをしていました。だいたい2〜3週間かけて、北海道とか九州とか、まとまった地域を主に野宿しながら旅をしました。その頃のことですから、一日千円あれば何とかなる旅でした。4年間で沖縄を除く都道府県のほぼすべてを回りました。なかには県境を越えて、文字通り、ちょっとだけ「足を踏み入れた」という所もあるのですが、ともかく自分なりに達成感があったことは事実です。

　しかしどういうわけか、その後、社会人になってからは、いろいろな場所に旅することにあまり関心を持たないようになっていきました。ことに外国旅行になると、「面倒だなあ……」という気持ちが先立ちます。この歳になるまでに行ったことがある外国は、アメリカ、韓国、インドネシアくらいで、それも

留学とか仕事とかの必要に迫られてのものでした。このままほとんど外国を訪れることなく終わってしまうかも知れないのですが、まあそれでもいいかというのが正直な思いです。

　学生の皆さんと話していて驚くのは、私など考えたこともないようないろいろな土地に行き、いろいろなことを経験してきた人がたくさんいることです。ヨーロッパあたりは当然のこととして、アジア、アフリカ、中南米など、「ついこの間、行ってきました」という話を聞くたびに、すごいなあと思います。そういう話を聞くのは好きですが、自分でも行ってみたいかと言えば、さっきも言ったとおり、「面倒だなあ……」という気持ちが先立ちます。

　ただこういう私にも、死ぬまでに一度は行ってみたいと思う場所があります。それがどこかは秘密ですが、かれこれ40年近くも前に読んだ、ある本の舞台となっていた土地です。これまでに何度、その本を読み返したか分かりません。日本の中ですので、ぜひ行こうと思えば、まあいつでも行けるのですが、これだけ長い時間がたってしまうと、そう簡単に行ってしまうのはもったいないというような気にもなっています。

　作家の壇一雄が、「まだ、この日本の中に、見たことも、行ったこともない大きな地域が残っていると、常々思っていられるのは楽しいことだ」(『美味放浪記』93頁)と書いていますが、たしかにその通りで、そういう土地が残っていると考えるだけ

でも自分ひとりの小さな楽しみになっています。

まだ会ったことのない人がいる

　さてそんなふうに、「まだ行ったことのない所がある」ということが私たちの人生の楽しみとなることがあるのですが、しかしおそらくそれ以上に大きな楽しみは、「まだ会ったことのない人がいる」ということではないかと思います。

　私たちが未知の場所に行くのは、そこで何かを得ることを期待してのことではないでしょうか。すなわち見聞を広げたり、体験を積み重ねたり、自分の世界を広げたり、自分自身を成長させたりと、何らかの期待を込めて私たちは出かけていくのです。旅はたしかに人を変えることがあります。

　それと同じように、そしておそらくはそれ以上に、私たちの世界を広げたり、私たちの成長に繋がったりする出来事は人に出会うということです。人間は人間に出会うことで大きく変わることがあります。それには、私たちが出会う人がそれだけの「大きな人」「豊かな人」「真実な人」、そして「本物の人間」であることが必要です。またそれと同時に私たち自身が、そういう人に出会うことを待ち望む姿勢、心の準備を備えていることが必要です。

　先ほどお読みした聖書の物語は、イエス・キリストに出会っ

たひとりの女性の姿を描いています。詳しい説明をする時間がありませんが、前後の文脈を読んで見ると、この女性はいろいろな問題を抱えて生活していた人であったようです。家族にも問題があり、近所づきあいなどもうまくいっていない人らしいのです。

そういう人がたまたま井戸端でイエス・キリストに出会います。聖書の背景となっている時代の社会では、こうした公共の場所で見知らぬ男女が会話するなどというのはふしだらなことと考えられていました。ましてやイエスはユダヤ人であり、女性はサマリヤ人という、それぞれ異なる共同体であり、かつまた互いに反目し合っていた集団に属している人たちです。そういうことからすれば、このときに起こった出会いは、当時としてはかなりめずらしい、というよりは、非常識な接触であり、ありえないような会話であったとも言えます。

どうしてこの女性がそんな非常識な行動をとったのか、よく分かりません。ともあれ、このふたりは水の話から始まって、やがて「永遠の命」、つまり宗教的な真理に関わる話へ、そして人生における重要な話に進んでいき、とうとう最後にこの女性はイエスがメシア（救い主）であると認めるにまで至ったというのです。イエスという未知の人との出会いが、この女性に新しい大きな発見をもたらしたのです。本当に意味深い出会いはたしかに私たちを変えます。私たちを大きく成長させること

があるのです。

　先ほど私は旅が「面倒」だと言いましたが、ある意味で人と出会うのは旅以上にずっと「面倒」なところがあります。私たちが人生の中でいちばんやっかいなことを経験するのは、たいていの場合、人間関係なのです。しかしまた、私たちの人生を支え、豊かにしてくれるのも、人間関係なのです。私たち人間は人間関係の中でしか人間に成っていけません。私たちがどういう人間になるかは、私たちがどのような人間とどのような出会いをするかということと切り離せません。

　たしかに世の中には期待外れの出会いや問題の多い出会いもあります。しかし予想もしなかったようなすばらしい出会いもたしかにあるのです。この世の中には、まだあなたが出会ったことのないような「大きな人」「豊かな人」「真実な人」、そして「本物の人間」がいます。間違いなく必ず存在するのです。だからこそ私たちは、平凡な日常生活の中でも、そうした「出会い」に対する心のセンサーを張りめぐらしながら、一日一日を丁寧に過ごしていくものでありたいと思うのです。

（2012 年 9 月 28 日）

デモーニッシュな力
「悪魔って本当にいるんですよ」

ルカによる福音書 22 章 1～6 節

「しかし、十二人の中の一人で、イスカリオテと呼ばれるユダの中に、サタンが入った。」　　　　（ルカによる福音書 22 章 3 節）

「悪魔はいるんですよ」

「越川さん、悪魔っていうのは本当にいるんですよ。」

　数年前、私の友人のひとり、ある牧師からこういうことを言われました。

　どういうことがあったのかよく分かりませんでしたが、たいへん聡明な友人であり、またいつも冷静な牧師さんでしたので、その人がそういうことを言ったのは予想外であり、私もかなり驚いた覚えがあります。

　もちろん悪魔の姿を見たとかいうことではないでしょう。何か悪魔的な現実、デモーニッシュとしか言いようのない力が働く出来事を見たのか、そういう事実を彼が経験したということだったのだと思います。

　しかしその人の口からそういう言葉を聞き、改めて思いめぐらしてみると、たしかに私たちの周囲にはふだんは思いもしないような悪魔的な出来事や事件があちらにもこちらにも横たわ

っていることに思い当たります。

最近の事件だけを取り上げてみても、連日、報道されている尼崎のおどろおどろしい連続殺人事件、遠隔操作でまったくの他人を犯罪者に仕立て上げたインターネットによる事件、教育を受ける権利を求めた少女を銃撃して瀕死の状態にまで追いやったパキスタンのタリバーンが引き起こした事件、親がわが子を虐待して死に追いやった事件、これでもかこれでもかというくらい、いろいろなひどい出来事が世界の各地で起こっていることに気づきます。

悪意に満ちた人間？、「良きもの」としての人間？

世の中には「悪意に満ちた人間」というのが存在することは事実です。人を人とも思わない人間、自分の利益や主張のために常識では信じられないようなことをする人間がいることは現実なのです。そうした事実や現実を突き詰めていけば、人間性悪説に行き着くことになるかも知れません。

しかしそんなふうに感じている私たち自身も、ちょっと間違えれば同じようなことをしかねない人間なのだということもまた事実なのです。私の場合も、昔、自分の子どもとの関係において、一歩間違えれば虐待となりかねないような場面に立ち至ったことがあるのを我ながら恐ろしく思います。だから他人事

132

ではなく思うのですが、人間には誰しもそういった暗い側面、自分でも思いもよらない陰の部分を抱えているところがあるのではないでしょうか。

　皆さんは「自分は大丈夫だ」と思っているでしょうか。皆さんは絶対に「悪意で行動することはない」のでしょうか。しかし日常の何でもない場面で、人は時として思いがけない大きな落とし穴にはまることがあります。自分が思いもよらないかたちで悪意のとりことなったり、悪しき行動をとる張本人となる可能性も秘めていることを、私たちは真剣に考えてみる必要があるように思います。

　聖書は、人間とはそもそも神によって造られたものであり、しかも「良きもの」として創造されたものであるという信仰を語っています（創世記１章）。キリスト教ではしばしば「罪人」という言葉を使い、人間の抱えている問題を真剣に取り扱いますが、しかし根本において人間とは良いものであるという信仰を持っているのです。いわば性善説に立っているわけです。なぜならば「良い方」である神が人間を創造したからであり、それゆえにこそ人間もまた良い存在だと考えているからです。

　楽天的と言われるかも知れませんが、私はこの聖書の言葉が真実であると信じていますし、またそのように願っています。おそらく皆さんも、人間というものは本当は良いものなのだ、誰もが良い人であると思いたいし、そのように願っているので

はないでしょうか。

それにもかかわらず、人間はしばしば悪事を引き起こす存在であり、誰もが考えられないような悪事を引き起こす存在に成りうるということも、やはり現実なのです。

聖書のリアリティ〜悪魔と誘惑

繰り返しますが、聖書は、神が創造された人間という存在は良きものであると語っています。しかしまた同時に、聖書は、良きものである人間がたいへん誘惑に弱い一面を持っているという事実もはっきりと洞察しています。

悪魔的な力、デモーニッシュな力というのは、そのような人間存在に働きかける外からの力です。それを擬人化して、聖書では「悪魔」と表現することもありますが、日本語的な表現で言えば、「魔がさす」という言い方がぴったりくると思います。皆さんからすれば、ずいぶん弱気なやつと思われるかも知れませんが、歳を重ねる中で、私はこの「魔がさす」という表現は言い得て妙というか、私たちの意識のどこかにいつも留めておくべき言葉ではないかと思うようになってきました。

「悪魔って本当にいるんですよ。」

そういう擬人的な表現を語ることはまだ私には抵抗があります。しかし、思いもかけない時に襲い来るデモーニッシュな力

聖書のリアリティ〜悪魔と誘惑

に対して、私たち人間がきわめてもろいものであることはたしかであり、その事実を私たちはいつも意識していなければならないと思います。

今日取り上げた聖書の中では、イエス・キリストを裏切ったイスカリオテのユダが登場します。まさにユダがイエスに対する裏切りに踏み出そうとする場面です。そして聖書は、この時のユダについて、「サタンが入った」という表現を使っています。

こうした表現について考えてみると、イエス自身が選んだ12人の弟子たちの中から裏切り者が出たという深刻な問題を前にして、初期のキリスト教会は、それを悪魔のしわざとして説明したのだろうと思います。しかしまたそれはこの出来事が悪魔のしわざとして理解するしかないほどの、信じられない予想外の出来事であったことを示唆しているとも言えます。

聖書という書物のリアリティの一面は、こうしたユダの場合も含めて、人間というものが思いもよらぬほどの非人間的な仕業を行うことがあること、良きものであるはずの人間が自分自身にすら理解できないような悪魔的な行動をとることがあり得るという実例を、いくつも残していることにあると私は考えています。そうしたものは決して楽しい話、心温まるような洞察ではありませんが、私たちを取り巻くデモーニッシュな力、そしてその力に対する人間の弱さを意識させる話であり、きわめて現実的で必要不可欠な洞察なのです。

135

デモーニッシュな力

　私たちはイエス・キリストが弟子たちに教えた「主の祈り」の中に、「私たちを誘惑にあわせないでください」という項目が含まれていることを想い起こすべきです。自らの弱さを自覚しながら、神の守りに信頼して生きていく。このことの大切さを覚えたいと思います。

（2012 年 11 月 2 日）

ドリカムの世界
クリスマスは夢を見る期節

ルカによる福音書2章22〜32節

「シメオンは幼子を腕に抱き、神をたたえて言った。
『主よ、今こそあなたは、お言葉どおり、
この僕を安らかに去らせてくださいます。』」

（ルカによる福音書22章28〜29節）

クリスマスとシメオン

クリスマスはイエス・キリストの誕生を記念するお祝いです。けれども今読んだ聖書の物語はイエス・キリストが生まれてからしばらく経った後のエピソードを伝えています。その頃のユダヤ人社会には最初に生まれた子どもを神に献げる習慣がありました。赤ん坊であるイエスもそれに倣ってエルサレムの神殿に連れてこられたという物語です。

この場面にシメオンという老人が登場します。この人がどんな人だったかのか、詳しいことは分からないのですが、一種特別の聖人というか預言者のような印象の人物です。この人がイエスを見て、「これこそメシア、救い主である」と告げたというのです。

前後の文脈からすると、このシメオンは、長い間、救い主に

出会うことを待ち望みながら生きてきた人であり、今ようやくその願いが叶って、これでようやく「世を去る」ことができると語っているのです。長い人生を送り、この世界のいろいろな出来事を見つめ、またいろいろな経験を積み重ねてきた人だったのでしょう。その人が何十年にもわたって待ち続けたメシアに出会って（それはまだほんの小さな赤ん坊に過ぎなかったのですが）、「これで大丈夫だ。必ず私たちは救われる。世界は必ず良くなる」と信じて、安らかな死を迎えることができると喜んでいるのです。

イエス・キリストの誕生は、そのように、これまで問題ばかりだった世界、苦しみや悲しみや不安に充ち満ちていた世界がこれからは「変わる」ということを指し示す出来事なのだと、シメオンは信じたのです。世界が変わる。これからは良い方向へ向かって進んでいく。そうした期待をもたらす出来事、それがイエスの誕生であるとシメオンは語っているのです。

クリスマスというのは、まさにそのような、絶望から希望へ、悲しみから喜びへ、苦難から平安へ、暗闇から光へと、この世界が変わることを告げる出来事です。そしてその中心にはメシアであるイエス・キリストが立っているのです。

「ドリカム」の願いと問題を抱えた世界

今日の奨励題を「ドリカムの世界」とつけました。"Dreams come true"、「夢が実現する」ということです。

シメオンの言葉、そしてクリスマスは、まさしく誰もが望む「良い世界」という夢が実現することを告げています。

「良い世界」とは何でしょうか。皆さんそれぞれに考えてもらいたいのですが、たとえばそれは私たちひとりひとりの命が保証され、安全に生きることのできる世界のことです。それは人種や民族、身分や能力などによって差別されることのない世界のことです。そしてまたそれは年齢にかかわらず、性別にかかわらず、いろいろな条件ぬきで、ともかくその人がその人であることを尊重され、互いに認め合い大切にし合う世界のことです。

イエスという人は、その短い生涯を通して、こういった「良い世界」という夢が実現することを願いつづけた人でした。しかしその夢はイエスが生きている間には実現するに至りませんでした。シメオンはイエスに出会って、「これで大丈夫」と安心して死んでいったのですが、そうはならなかったのです。そして今、イエスの誕生という出来事が起こってから2000年の時を経て、未だにシメオンやイエス・キリストが「夢見た世界」は実現しているようには思えません。

私自身、クリスマスの時期になると、かえってこの時期だからこそ、この世界が今なおたくさんの問題を抱えている現実に困惑することがあります。私たちの生きている世界には毎年毎年新たな問題が増えるばかりで、シメオンが語った「救い」というものが果たして実現するのやらしないのやら、むしろ「滅び」に向かっているような印象すらあります。昨年の東日本大震災とその後の日々、原発事故とそれに対する私たちの社会のありさまなど……。これらの問題を思いめぐらすだけでも、「良い世界」が実現しつつあるといったメッセージにはクエスチョン・マークを付けざるをえない気がするのです。

現実を見つめる「スパン」

ところで、この秋学期から私は新しい講義をひとつ始めました。キリスト教の2000年間の歴史を概観するというもので、キリスト教に初めて触れる学生の皆さんを念頭に置いたキリスト教入門のようなものを意図しています。講義を始めてからいろいろたいへんなこともありましたが、自分自身、2000年間のキリスト教史をあらためて学び直して、いろいろなことに気づかされました。

気づいたことの第1は、キリスト教の歴史の中で、イエスやシメオンのように「夢」を見た人々、「良い世界」を信じて生

きた人々がたくさんいたということを改めて知ったことです。その時代の様々な制約や限界があったとは言え、イエスに倣って生きることを志したユニークな人々が数多くいたという事実は、私たちを大いに励まし勇気を与えてくれます。

　第2に気づいたことは、たしかに「良い世界」が完全に実現したとは言えないにせよ、苦しみや悲しみを取り去り、幸せと喜びを生み出そうとする試みは、長い長い時間的なスパンで見るとき、たとえ微々たるものであれ、また遅々たるものであれ、少しずつ少しずつ前進してきているということでした。

　2000年前の世界に見られたような徹底的な弱肉強食の論理と現実は、21世紀の現在、少なくともあからさまにそれを肯定するわけにはいかなくなりました。200～300年前までいろいろな場で行われていた奴隷制や人身売買の習慣を、今日の世界はともあれ表面的には否定しています。医療、福祉、教育といった分野においても、さまざまな限界はあるとは言え、500年とか1000年という単位で見れば、社会はそれなりの進歩を遂げて来ました。人権の尊重と個人の尊厳に関わる様々な思想が語られ、それが徐々に実現してきたのも、ごく最近のことです。

　こうした変化はすべてがキリスト教の力によるものではありませんし、場合によってはその時代のキリスト教が逆行的な働きをしたということも事実です。しかしイエスの生涯と言動に

照らして見るとき、長い歴史の中で徐々に実現してきたこのようなことがらの多くは、イエス自身のめざしていたもの、イエスの「夢」と言うべきものに合致するものであると思います。

今日の世界の現実をあまりに楽観的に捉えることはたしかに間違っているでしょう。たくさんの問題があり、事実、この時、この瞬間にも、この世界の中で、私たちの知るところ知らぬところで、多くの人々が苦しんでいるという事実について、私たちは思いを凝らし、受けとめ、考えなければなりません。私たちにできること、なすべきことを考えなければなりません。

しかし同時に私たちが覚えておくべきことは、かつてもっともっと多くの問題を抱えていた世界の中で、この世界はやがてきっと良くなるという「夢」を見た人々がいたという事実であり、そしてたしかに、わずかであれ、不十分であれ、遅々としたものであれ、そうした「夢」が現実のものとなってきたという歴史の教える事実です。

私たちの目の前に見える直近の現実には夢も希望も失わせるような荒涼たる風景が広がっているかも知れません。けれどもその風景の向こう側に、まだ完全には見えてこないけれど、必ずやがていつか実現する「良い世界」がある。イエス、シメオン、聖書に登場する多くの人々、そしてこの世界の歴史の中に登場してきた多くの人々の待ち望んだ「良い世界」があるのです。そのような多くの人々の「夢」に支えられて、今日の世界

現実を見つめる「スパン」

があるということを、私たちは信じたいと思います。そしてその「夢」を私たちも共有し、担いつづけていきたいと思います。私たち自身がまだ実現していない「良い世界」を待ち望み、そこに向かって共に歩む歴史の旅人のひとりとなりたいと思うのです。

　こうした「夢」が失われるときに、私たちの世界はまったく希望のないものへと転落してしまいます。「夢」を失った世界に明日はありません。

　クリスマスは、イエスが、シメオンが、そして多くの人々が見てきたこの「夢」を、もう一度、私たちが思い出す時であり、その「夢が実現する」ことを、もう一度、私たちが共に祈る時なのです。

（2012 年 12 月 21 日）

「もしそれでもだめなら」
執り成しとゆるしのもとで
ホセア書 11 章 8〜9節、ルカによる福音書 13 章 6〜9節

「ああ、エフライムよ
お前を見捨てることができようか。」　　　（ホセア書 11 章 8 節）

「園丁は答えた。『御主人様、今年もこのままにしておいてください。
木の周りを掘って、肥やしをやってみます。そうすれば、来年は実
がなるかもしれません。』」　　　（ルカによる福音書 13 章 8 節）

ぶどう園に植えられたいちじく

「ある人がぶどう園にいちじくの木を植えておき、実を探し
に来たが見つからなかった。」（ルカ 13・6）

「ある人」とは、このぶどう園の主人、オーナーです。ぶど
う園にいちじくの木を植えるとは不思議な気もしますが、聖書
の舞台となっている 2000 年前のパレスチナでは、実際にそう
いうことも行われていたといいます。ぶどうにしろいちじくに
しろ、聖書の中ではしばしば登場する果物であり、人々から親
しまれ愛されていた果物でした。

時としてぶどうとかいちじくは、聖書の中で神によって特別
に召された「選民」としてのユダヤ人を象徴するものとして用
いられることがあります。今日取り上げたイエスのこのたとえ

話でもおそらくそういう意味でいちじくが登場するのでしょう。他方、ぶどう園の持ち主というのは「神」を象徴しているようです。

「実を探しに来たが見つからなかった」というのは、神が期待していたような成果が実現していないということです。ここでいう「実」が何を意味するかについては、いろいろな理解が可能です。神が人間に期待していたこと、望んでいたこととは何だったのか。はたして神の期待通りになっていないこと、望んだようになっていないこととは何だったのでしょうか。

聖書には神が私たち人間に求めることについて様々なことが書かれています。ひとつひとつの記述を取り上げればきりがないのですが、それらを大きくまとめるならば、「神を愛し、隣人を愛すること」に尽きると言えるでしょう。このふたつの課題に真剣に向き合い、それらを追い求めることを通して、私たちにとってほんとうに必要な正義、平和、真の豊かさや活力といったものが生まれてくるのです。

そのように理解するとすれば、いちじくの木に実がなかったというのは、「神への愛、隣人への愛」が実現していないということであり、神の期待する人間や世界が見当たらないことを言い表していると言えるかも知れません。

145

期待外れ

北原白秋の残したごく短い、次のような詩があります。

「薔薇ノ木ニ

　薔薇ノ花咲ク

　ナニゴトノ不思議ナケレド」（「薔薇二曲)

当たり前すぎるほど当たり前のことを言っているに過ぎません。「薔薇の木に、薔薇の花が咲いている。何も不思議じゃないけどね」というのです。

白秋からすれば、この「不思議ナケレド」、「不思議じゃないけどね」という句の後に、何か含みを持たせているのでしょうが、いずれにしても、「薔薇ノ木ニ薔薇ノ花咲ク」、それは「ナニゴトノ不思議ナケレド」なのです。

ところが聖書では、「いちじくの木に、いちじくの実がならない」というのです。「これはどういうことか」というのです。ぶどう園のオーナーからすれば、それこそ不思議でならないのです。いちじくの木を植え、期待を込めて見守ってきたのに、その期待は裏切られたのです。

神はご自分が創造された人間に期待を込めて見守ってきたのに、期待通りの人間、期待通りの世界が実現しないことが不思議でならないのです。「これはどういうことか」というのです。神は人間に期待していたのに、その期待は裏切られました。

薔薇の木には薔薇の花が咲きます。

ぶどうの木はぶどうの実を結びます。

いちじくの木はいちじくの実を結びます。

しかし人間は必ずしも期待通りの花を咲かせ、実りを結ぶとは限りません。

皆さんもまた多かれ少なかれ、誰かに何かを期待されてこの世を生きていると思います。それは家族からかも知れませんし、友人、仲間、恋人、あるいは学校の先生、アルバイト先の雇い主かも知れません。あまりに大きな期待をかけられるのはたいへんです。しかし何も期待されないとしたら、そのほうがずっと苦しいだろうと思います。

結局、人間というものは何らかの人間関係の中でしか生きていけない生き物ですから、周りの人々が自分にどんな期待を持っているのかいないのか、その期待にどの程度応えているのかいないのかということに、誰しも敏感にならざるを得ません。生きるということは、ある意味で、そういう期待と応答という人間関係の積み重ねともいえるのです。

期待には応えなければならないと思います。期待される結果を出すことが、相手のためでもあり、自分のためでもあります。しかし人間はいつも期待通りに生きていけるわけでもなければ、求められる結果を出せるわけでもありません。というよりも、しばしば、あるいはほとんどの場合、私たちは周囲の期待を裏

切ったり、十分に答えられなかったり、結果を出せなかったりということのほうが多いのかも知れません。

「期待外れ」に終わるということがあるのです。人生の大きな課題になればなるほど、そういう「期待外れ」がいくつも起こるような気がします。

今年、正月に届いた友人や知人、そしてかつての恩師からの年賀状を読みながら、私も自分自身の人生をふと思いめぐらしました。いろいろな人から、おそらくもっと違う期待、もっといろいろな期待をされていたのに、それに応えきれないまま何十年もの時間を過ごしてしまったのかも知れないという気がいたしました。多くのことを遣り残したまま、あるいは「期待外れ」と思われながら、私は自分の人生を終えることになるのかも知れません。

私が皆さんと同じ年齢だった頃、神学部の恩師であった藤代泰三先生から将来の進路について期待されていたことがありました。自分としては別の進路を考えていたので、内心で葛藤するところがありました。そんな頃、アメリカ留学中にたまたま訪ねてくださった神学部の竹中正正夫先生からこういうことを言われました。

「君の人生なんだから、君の思うようにすればいいんだ。」

当たり前のことを言われて、しかしその一言で心がすっと軽くなりました。結局、私は藤代先生の期待を裏切るかたちで、

自分の進みたい方向に進みました。申し訳ない気持ちはありましたが、それでいいんだとも思いました。

　藤代先生も竹中先生も亡くなりましたが、今、振り返ってみて、それぞれに感謝の思いを持つと共に、はたして恩師の期待を裏切ってまで進んだ人生で、別の意味で本当に両先生の期待に応えるだけの生き方をしてきたかというと、内心忸怩たるものがあるのは否定できません。

ぶどう園の園丁

　聖書のたとえ話の続きを読みましょう。

　ぶどう園のオーナーは言います。

　「もう三年もの間、このいちじくの木に実を探しに来ているのに、見つけたためしがない。だから、切り倒せ。なぜ、土地をふさがせておくのか。」

　今日のように効率万能主義の時代、結果がすべてという時代には、とりわけ如実に、切実に響く言葉です。

　期限は過ぎた。結果は出ない。出て行け。お前のいる場所はない。お前は「期待外れ」だった。

　厳しい言葉です。そしてこれが私たちの世界の現実でもあるのです。

　しかし、これが、そしてこれだけが究極の現実だったとした

ら、たぶん私たちは生きていけないだろうと思います。少なくとも大半の人間は疲れ果て、失望して、自分からぶどう園を去って行くことでしょう。

ここに登場してくるのが、ぶどう園の園丁です。

「御主人様、今年もこのままにしておいてください。木の周りを掘って、肥やしをやってみます。そうすれば、来年は実がなるかもしれません。もしそれでもだめなら、切り倒してください。」

この「園丁」が何を象徴しているのか、私にはよく分かりません。神の怒りと人間の間に立って執り成しをしてくださるイエス・キリストの姿だという理解があります。それでもいいと思いますが、あるいは、こちらもまた神ご自身のもうひとつの姿を表していると理解することもできるかも知れません。

園丁は、オーナーとは違って、直接、畑で働く人であり、ぶどうやいちじくの世話をする人です。自分が手をかけて育てたものを「切り倒せ」と言われて、それをただちに受け入れることはできないのです。

もう少し時間をください。チャンスを与えてやってください。私も工夫してみます。来年は何とかなるかも知れません。

思うに、私たちの人生がたとえ「期待外れ」に見えたとしても、私たちが何とかやっていけるのは、こんなふうに私たちのために執り成してくれる人がいるからです。私たちは、知ると

知らざるとにかかわらず、誰かに執り成されて生きており、赦されて生きているのです。

「神と隣人による執り成しと赦しのもとに」

　人生は厳しいですが、しかしまた必ずあなたのために執り成しと赦しを祈っていてくれる人がいます。たとえこの世の中で執り成してくれる人間がいないように思われる時でも、神が、そしてイエス・キリストが、私たちのために執り成してくださいます。

　イエス・キリストの父なる神の本質は、愛であると聖書は説いています。神は正義の神であると共に、恵みと憐れみに富みたもう方です。ホセア書にあるように、「お前を見捨てることができようか」「お前を引き渡すことができようか」「わたしは激しく心を動かされ、憐れみに胸を焼かれる」という身もだえするような言葉の中に神の愛が示されているのです。

　最後にこの園丁が告げる言葉を聞きましょう。

　「もしそれでもだめなら、切り倒してください。」

　もう一年、チャンスをください。もしそれでも実がならないようなら、仕方ありません。来年は切り倒してくださってもけっこうです。

　私は皆さんによく考えてみていただきたいと思います。

「もしそれでもだめなら」

　その次の年、やはり実がならなかったとしたら、園丁はこの木が切り倒されるのを黙って見ているのでしょうか。それとも、もう一度、「もう一年、待ってください」と頼むのでしょうか。その年もまた、「期待外れ」に終わった人間を、神はどのようになさるのでしょうか。

　私は、私自身がこれまでの人生の中で多くの方々から受けてきた執り成しと赦しの経験から申しますが、園丁は、必ず、間違いなく、もう一度、同じことを言うのです。

　「御主人様、今年もこのままにしておいてください。木の周りを掘って、肥やしをやってみます。そうすれば、来年は実がなるかもしれません。」

　年ごとに繰り返し、そして積み重ねられた、神と隣人による執り成しと赦しのもとに、そして期待の中に、今の私たちがあるのです。

　感謝して、今年もまたこの一年を生きなければなりません。

（2013 年 1 月 22 日）

ヘイトスピーチと隣人愛
顔と顔を合わせて

使徒言行録 10 章 24 ～ 28 節

「『けれども、神はわたしに、どんな人間をも清くない者とか、汚れている者とか言ってはならないと、お示しになりました。』」

(使徒言行録 10 章 28 節)

「ヘイトスピーチ」という言葉

今出川キャンパスを歩いていて、あなたが誰かに「死ね」とか「ゴキブリ」とののしられたら、どう感じるでしょう。それもひとりではなく、20 人、50 人、100 人といった大勢の人間が群れをなして、「死ね、死ね」「ゴキブリ、ゴキブリ」と言われ続けたら、どうでしょう。ご存じかも知れませんが、そうした現実が今、東京なら大久保、大阪なら鶴橋といった在日韓国・朝鮮人の人々が多く住む地域で起こっています。

「ヘイトスピーチ」という言葉は「憎悪発言」とか「憎悪表現」と訳されていますが、まさに憎しみをむき出しにして、特定の人々を言葉の暴力で襲うことが、今日の私たちの社会で起こっているのです。それは今学期のテーマとしてチャペル・アワーで取りあげている「隣人愛」とは正反対の極に立つ精神であると言えるでしょう。

しばらく前にこの問題をめぐるひとつの新聞記事を目にしました。それは在日朝鮮・韓国人の人々をターゲットにしてヘイトスピーチを行う団体に関わっていたある人物を追ったレポートです。

この人は勤務先の経験から、海外との取り引きで日本が不当におとしめられているという感じを持つことが多かったのだそうです。この人が外国人に対して過激な主張を行っている団体をネットで見つけ、初めてその団体のデモに参加したのが2011年8月だったといいます。それは「韓流ドラマ」を多く放映していたフジテレビに対し、偏向しているという名目で行ったデモでした。

こうしたデモに参加することを通して、友人もできるようになりました。やがてネットでデモを生中継するボランティアに熱意を燃やすようになり、頼まれれば全国どこへでも出かけていったそうです。

ところが、昨年の衆議院選挙を経て、今年に入ってから、この人はなぜか「目標を見失った気がした」というのです。どういう事情があったのか詳しいことは分かりません。

少し新聞記事から引用します。

「中継のとき、デモ参加者と通行人との温度差は、前から気になっていた。飲み会で主張と少しでも違うことを言うと、みなすぐに激高した。

でもその『怒り』の根拠って何だろう。

『ネットで都合良い情報ばかり集めては、身内でそうだそうだと盛り上がっていただけではないか』

立場の異なる人が書いた本を読んでみた。在日韓国・朝鮮人がなぜこの国にいるのか・歴史的な経緯を初めて知った。」（『朝日新聞』2013 年 4 月 28 日）

この人はその後、急速に冷めていくというか、こうしたデモ活動から遠ざかっていきます。そして今年 3 月にネット上で次のような「決別宣言」をします。

「殺せ、ゴキブリと言いながらのデモにはもう、賛同できない。スタンスの違う人からは、モンスターに見えるのではないか。」「怒りを伝えるためにタブーを破るんだという。でもあんな言葉を使わないとできないのか。」

この新聞は次のように記事を結んでいます。

「1 時間で 5471 件のコメントが殺到。『お前は在日認定』『氏ね〜〜』
（ママ）
言葉が今度は自分に突き刺さってきた。ただただ、怖かった。」

知らないがゆえに？

誰もが知っているように、私たちの国にはまだいろいろなところで様々な差別が存在し、人種や民族、出自や性、思想や信

条によって偏見を持たれたり不当な扱いをされるという現実が残っています。しかし少なくとも公の場では、差別、暴力、行き過ぎた過激な発言といったものは認められるべきではない・正しいことではないという一定の合意が存在するはずであると、私は思っていました。

ところが、最近の日本の状況を見ていると、こうした公の合意があちらこちらで崩れはじめ、いともたやすくメルトダウンし始めている印象を受けます。つい先日の橋下徹大阪市長の「従軍慰安婦は必要だった」発言もそうですが、言っていいことといけないことがあるという常識が通用しなくなってきている気がします。力のある人間や数を頼んだ集団が、大きな声を挙げ、一方的に発言し、相手を黙らせ、無力感に陥らせ、自分の言いたいことを押し通していくという状況は、どうみてもまっとうなことではありません。しかしそのまっとうとは思えないことが、私たちの目の前で現実に繰り広げられているのです。

戦後も日本社会には在日韓国・朝鮮人の人々を対象とする差別が、陰に陽にいろいろなかたちで残っていました。しかしたとえ少しずつであれ、そうした差別は解消する方向に向かってきたと思っていたのですが、時として地中のマグマが突然噴出するようなかたちで、差別、憎しみ、暴力が出現することがあるという事実を、私は今回の出来事で思い知らされたように感じています。

私が先ほどの記事を読んでいてとくに驚いたのは、少なくと
もこの人は日本と朝鮮・韓国の間の戦前戦後の歴史的事情をあ
る程度は知った上で、それでもヘイトスピーチを叫ぶ立場を選
んだのだと思っていたのですが、どうやらそうではなかったら
しいことです。日本が朝鮮半島を植民地化していった経緯、そ
の植民地下で行われた支配と施策、朝鮮半島から多くの人々が
日本に渡ってこざるを得なかった背景、戦争中の従軍慰安婦や
強制労働といった問題、そして第2次世界大戦後に在日朝鮮・
韓国人として生きることを選ばざるを得なかった一連の歴史的
事実を知らなかったようなのです。

　日本では中学、高校、そして大学も含めて近現代の歴史教育
がおろそかにされていると指摘されることがあります。そうし
たことは今日取りあげているヘイトスピーチのような問題と決
して無関係ではないでしょう。

　昨今、私たちの学校も含めてグローバル社会に貢献する教育
とか世界に通用する人材を育成するということが盛んに言われ
ています、しかし基本的な歴史や世界の現実を知ることなしに、
そのような教育や人間形成ができるはずがありません。私たち
のすぐ隣りに存在する国々や民族について学ぼうとせず、それ
ぞれの背景や立場を持った多様な人々とコミュニケーションす
ることのできない人間に、グローバルもへったくれもあったも
のではないのです。

顔と顔の見える関係

　素朴に考えてみて、私には「民族」とか「人種」といった属性による社会的集団（ある意味で抽象的な存在）を、私たちがほんとうに丸ごと憎むことができるものかどうか、よく分かりません。在日韓国・朝鮮人の人々と言っても、実際にはとても漠然としたあやふやな概念、もしくはステレオタイプなイメージにとどまっているように思います。

　ふつう誰かを徹底して憎むとしたら、その相手に対してそれなりの（たとえ偏見であろうと）具体的で生々しい認識や関わりがあって然るべきだろうと思うのです。しかしまた逆に考えてみると、そういう抽象的で観念的な対象だからこそ、そこまで極端に憎悪し、醜い言葉を投げつけることができるのかも知れないとも思います。

　ヒトラーの時代のドイツで国を挙げてユダヤ人差別と迫害が行われていたとき、「たしかにユダヤ人はどうしようもない奴らばかりだ。でも自分の家の隣に住んでいるユダヤ人だけは悪い人ではない」と考えたドイツ人もけっこういたという話を聞いたことがあります。身近な人間関係の中で知っている人、顔と顔を合わせて知っている人に向かって、私たちはそう簡単に「死ね」とか「ゴキブリ」などと罵倒することはできないのではないでしょうか。

「知る」ということは、歴史的な知識に関しても重要ですが、とりわけ人間と人間の間ではよりいっそう大切な意味を持っています。私たちが「知る」のは、「在日の朝鮮・韓国人」という抽象的な存在ではなく、「今ここにいる特定の人格を持った人」なのです。私たちは「アメリカ人」や「中国人」と友だちになるのではなく、「今そこにいる○○さん」と友だちになるのです。

グローバルな神

日本社会に限りませんが、現在の世界は、いろいろな意味で、閉塞感、無力感、焦燥感といったものに取り囲まれているところがあります。努力しても必ずしも報いがない、時代の先が見えない、安定した生活設計が出来ない、たしかな人間関係が築けない、等々……。だれもが不安で、余裕がなく、いらいらしており、やり場のない不満や怒りを抱えているところがあるように感じます。

今日取りあげたヘイトスピーチ、差別や暴力の背後にも、そうした大きな不平不満が横たわっているように思われてなりません。寛容さを失った社会は危険です。そうした社会の怒りや憎しみの矛先というのは、一歩間違えれば、次々に方向を変えていろいろな人々に対して爆発し、ついには私たち自身にも襲

いかかってくることがあるからです。

こういう事態をどのようにして克服していったらいいのでしょうか。ここにはひじょうに難しい問題が積み重なり複雑に絡み合っています。しかし私たちにもできることがいくつかあることは事実です。それはたとえば歴史や社会に関して多面的なものの見方を学ぶことであり、できるだけいろいろな人々と顔と顔を合わせて交わる経験を広く深く培っていくことです。

今日読んでいただいた聖書は、もともと他の民族に対しては距離を取り、軽蔑感や嫌悪感さえ抱いていたユダヤ人のひとりであるペトロが主人公です。このペトロが神のふしぎな導きによって、新しいものの見方、新しい人間観に導かれ、そうして外国人であるコルネリウスという人物と新しい出会いの経験を遂げるという物語です。

ペトロは語ります。

「あなたがたもご存じのとおり、ユダヤ人が外国人と交際したり、外国人を訪問したりすることは、律法で禁じられています。けれども、神はわたしに、どんな人間をも清くない者とか、汚れている者とか言ってはならないと、お示しになりました。」（使徒10・28）

ペトロはコルネリウスという人に顔と顔を合わせて出会うことによって、ユダヤ人と外国人の隔ての壁を乗り越えました。

聖書の神はグローバルな神です。それは差別や暴力やヘイト

スピーチの神ではなく、新しい出会いと和解、そして真の意味でグローバルな人と人との関係を作り出してくださる神なのです。神が私たちに求めることは、醜い憎しみの言葉を吐き出すことではなく、隣人愛にもとづいて語ること、行動すること、生きることです。

　寛容さを失いつつあるように見える現代社会の中で、私たちはもう一度、このような神の導きを想い起こし、隣人愛による人と人との結びつきを願い求めるものとなりたいと思います。

（2013 年 6 月 12 日）

すてたもんじゃない
「人間のクズ」

イザヤ書 43 章 4 節

「わたしの目にあなたは値高く、貴く」　（イザヤ書 43 章 4 節）

「中学生・高校生の生活と意識」

日本青少年研究所というところが 2009 年に調べた「中学生・高校生の生活と意識」というアンケートがあります。

「私は人並みの能力がある」という質問に対して、「とてもそう思う」と答えた人、「まあそう思う」と答えた人を足すと、アメリカでは 89％が「イエス」と答えました。中国では、85.1％、韓国では 69％でした。日本ではどうかというと、52.5％です。かろうじて半数を超えています。

次に「自分はダメな人間だと思う」という質問に対して、「とてもそう思う」と答えた人、「まあそう思う」と答えた人は、中国が 12.7％、アメリカが 21.6％、韓国が 45.3％、そして日本は 65.8％。実に 3 人のうち 2 人までが、多かれ少なかれ、「自分はダメな人間だと思う」というのです。

「ダメ」という言葉のとらえ方や国ごとの比較の仕方など、いろいろ考慮しなければならないことはあると思いますが、そ

れでもやはり日本の中高生の自己肯定感は低いのかなあという
印象を持ちました。

　2009年の調査ですから、その世代の高校3年生は、今、大
学4年生になっているわけです。皆さん自身の意識、また周囲
の友だちの意識はどうでしょうか。思春期にはアイデンティテ
ィが揺れ動き、自己肯定や自己否定が入り乱れることは珍しく
ありません。いつでも安易に自分自身を受け入れられる人が良
いとは限りませんが、自己否定だけしかないとすればやはり問
題があると思います。

　私自身のことを振り返ってみると、学生だった時代、今から
30年以上も前、正直なところ、自分に人並みの能力があるの
かどうか、大いに不安だったことがあります。他方、自分は何
か大きな可能性を持っていて、将来きっと何かをやってやる
……というような、ほとんど根拠のない信念のようなものも同
時に持ち合わせていました。時には「自分はダメな人間だ」と
激しくそう思って自己嫌悪に陥ったこともありますが、すぐま
た「自分は自分。天上天下唯我独尊」みたいな、今から考えれ
ば妄想気味の思いにとらわれるということもなかったわけでは
ありません。

「人間のクズ」

　先日、たまたま、「人間のクズ」という曲を聴きました。忌
野清志郎さんが作った曲です。

　「川のほとりで自殺を考えた

　　だけど怖いからやめた

　　俺はだめな奴だ

　　もう死んでるんだ

　　腐った心の持ち主　誰にも合わせる顔がない

　　クズクズクズクズ　人間のクズ

　　クズクズクズクズ　人間のクズ

　　クズクズクズクズ　人間のクズ

　　クズクズクズクズ　俺のことさ」

　最初、何気なく耳にしていて、「重っ苦しい歌やなあ」と思
っていました。

　「テレビカメラの前で　作り笑いをした

　　心の中は煮えくりかえっていた

　　俺はだめな奴だ　全部でたらめなんだ

　　偽りの化粧をして　何処にも本当の顔がない

　　クズクズクズクズ　人間のクズ

　　クズクズクズクズ　人間のクズ　……」

　ところが聞いているうちに、「クズクズクズクズ」というと

ころが軽快で明るい感じに聞こえてきて、思わずニヤリとして
しまいました。

　後半では、「クズの中のクズ」「クズがここにいるぜ」「クズ
クズクズクズ　人間のクズ」と続く中で、いきなり「今日も元
気だ」という言葉が割り込んできたり、子どものコーラスらし
きものも交えながら、「クズクズクズクズ　人間のクズ」「俺は
クズなんだ／君はどうだい／俺は今日も元気だ」と終わってい
きます。

　自虐的といえばこの上なく自虐的、しかし忌野清志郎さんの
あの声とこの歌詞は妙にマッチしていて、「クズクズクズクズ
……」という繰り返しが耳に残りました。

「すてたもんじゃない」

　アイロニカルな意味で、この歌は、「俺だってすてたもんじ
ゃない」ということを歌っているんだと思います。いやらしい
くらい屈折した思いを抱きながら、でもしっかりしたたかに生
きていくぜと歌っているのです。

　現代を生きる私たちはそんなふうにあれこれと思い煩い、と
ても複雑に入り組んだかたちで、自己否定をし、自己肯定をし
て、かろうじて自己受容をしなければ生きていけないところが
あるのかも知れません。

すてたもんじゃない

　聖書というのは、そんなふうにあれこれと思い煩う私たちを、神が「天」から、垂直の方向から、つまり私たちが思っても見ないところから、いつも見守っていてくださるということを語ります。

　誰かに「人間のクズ」と決めつけられるようなことがあっても、たとえ自分で自分を「人間のクズ」と決めつけるようなことがあったとしても、神は決してそうはおっしゃらない。「わたしの目にあなたは価高く、貴（い）」（イザヤ書43・4）と告げてくださいます。

　神がそうおっしゃるのだから、「私という人間はすてたもんじゃない」、「私の人生はすてたもんじゃない」のです。そして同じように、私の周りにいる人たちもまた「すてたもんじゃない」のです。

　人間はいろいろなものをすて、時には自分自身さえすてることがあります。いろいろなものが「クズ」に見え、自分自身すら「クズ」に見えることがあります。

　けれども神は人間がすてたものを拾いあげられます。人間が「クズ」と決めつけるものを愛し、大切にしてくださいます。

　そんなふうに神がまず私たちを受け入れてくださるから、私たちは私たち自身をどんなときでも受け入れることができます。そしてまた同じように、私たちも他の人々を受け入れることができるのだと、聖書は告げています。

166

神にとって、あなたは決して「すてたもんじゃない」。そして私の隣りにいる人々も、この世界も、決して「すてたもんじゃない」。

これが福音です。

(2013 年 11 月 1 日)

岸本能武太君のこと
「同志社は私の為に建てられた」
ローマの信徒への手紙 8 章 28 節

「神を愛する者たち、つまり、御計画に従って召された者たちには、万事が益となるように共に働くということを、わたしたちは知っています。」　　　（ローマの信徒への手紙 8 章 28 節）

岸本能武太という人

「私が同志社に行ったのは、明治十二年の九月の事であったが、其行った事に就いて二三言ふて見たい事がある。」（『創設期の同志社』13 頁）

「私は当時の工部大学に行きたいと思ったのであるが、或日、私の義兄即姉の婿の板東直紀と云ふ人が、私に同志社に行くなら学費を出して遣ると云ふ事を云ふた。」（同上 13 頁）

「義兄が学費を出して遣ると云ふたので、同志社が基督教の学校であるので多少何となしの躊躇の気味はあったが、兎も角他郷に踏み出して勉強して見たいと云ふ考えへがあったから、私は直ちに遣って下さいと云ふたら、それでは家に帰って両親に相談して来いと云ふ事であった。

そこで、岡山の町の反対の方向に在る家に帰って、此の事を父母に話した処が、父は直ぐ賛成して呉れたが母は大に反

対の様子であった。」（同上 13 頁）

　「当時の考へでは基督教は、子は親に不幸ならしむるもの
と云ふ様な考へが一般に行われて居たので、母も叔父もそれ
をたいへん心配して居たらしい。」（同上 14 頁）

　これは岸本能武太という同志社の最初期の頃の学生が残して
いる文章の一部です。岸本能武太（旧姓・滝）は 1866 年（慶
応 2 年）に岡山で生まれ、1880 年に同志社英学校に入学しま
した。その時の能武太は 14 歳。同志社創立 6 年目のことです。

　今読んだ箇所にもあるように、当時まだキリスト教はいまわ
しいものという雰囲気が世間一般に残っていた時代です。能武
太はお母さんと「基督教を信じない」ことを約束して同志社に
入学します。ところが、その 2 年後には、当時、「西京第二公会」
と称していた、現在の日本基督教団同志社教会で、牧師・新島
襄から「14 人ばかりの人々と一緒に」洗礼を受け、クリスチ
ャンとなってしまいました。もちろんそのようにして能武太が
キリスト教徒となるまでには、いろいろな内面的葛藤や躊躇が
あったようです。

　同志社に入学した直後のことを彼は次のように記しています。

　「私は同志社に行く事になったが、始めは基督教は何とな
くきらひで、又、日曜日を守ったり祈祷をしたりするのが窮
屈で馬鹿らしく、こんな学校には居りたく無いと思ふた事も
あった。漸々と学校の空気に慣れ、又、基督教の悪るいもの

で無い事が判ったので、続けて学校に止まって居った。」(同上14頁)

同志社の教育

さて、ここにも今年4月に同志社に入学された新入生の方がおられるかと思います。すでに1カ月余りの大学生活を経験したわけですが、同志社についてどんなふうに感じておられるでしょうか。だいたい予想していた通りだったという人もいれば、思っていたよりも良かったという人、それほどではなかったという人もいるかも知れません。しかしいずれにしても皆さんはこうしてチャペル・アワーに参加し、大学生活を続けているわけで、能武太のように、ともかくも「続けて学校に止まって居った」ということになるわけです。

能武太の場合、同志社の生活にだんだんと慣れ親しみ、洗礼を受けるところまでいったのですが、だからといって同志社のすべてを肯定し、キリスト教のすべてを肯定するようになったわけではありません。

能武太は洗礼を受けてキリスト教徒になった後、いわゆる「正統的なキリスト教の教え」にいろいろな疑問を持つようになっていきます。たとえば、神学の専門用語で云うところの「三位一体説」とか「聖書無謬説」といった教えに疑問を抱くように

なります。

　同志社を卒業した後、能武太はこうした疑問を探求するために、1890年にアメリカに渡り、ハーバード大学の神学部で学びます。能武太はキリスト教の一派であるユニテリアンという教派に共鳴し、やがて比較宗教学という分野の学びを深めて帰国します。そしてこの分野における日本の研究者の草分けとして、東京専門学校、後の早稲田大学で教え、学生に多くの感化を与えたと伝えられています（『同志社山脈』60～61頁）。

　能武太の到達したキリスト教理解は、ある意味で新島襄が理解したキリスト教とは異質のものでした。その点からみれば、能武太は必ずしも新島襄の直系の信仰を受け継いだわけではなく、新島の忠実な教え子であったとも言えないかも知れません。

　しかし同志社が目ざすことは、能武太を新島のミニチュア・モデルのような型にはめ込むことではありません。むしろ同志社はいろいろな学生のあり方や関心を認め、それぞれの学生の主体的な生き方を肯定し、ひとりひとりが自分の選び取った課題や目的を追い求める者となることを求めています。もちろんそうした同志社教育の根底には、皆さんの生き方が利己的なものや独善的なものにとどまることなく、キリスト教で云うところの「愛」に根ざしたもの、また新島の言葉で言えば「良心」に根ざしたものとなることを願う祈りが横たわっています。しかし何はともあれ、学生の多様性、自主性、積極性を尊重する

171

ことは、私たちの学校創立以来のゆるがせにできない伝統なのです。

「同志社は私の為に建てられ」

能武太は先ほどの回想録の中で次のように述べています。

「私は殆ど偶然の如くして同志社に行ったので、自分が工部大学に這入らうと思って居った目的から云へバ、今日ハ御門違ひの生涯を送って居る訳であって、時には自分の専門を危〔誤〕ったのではあるまいかと思ふ様な事が無いでも無いが、それだからと云ふて、余の過去の歴史を遣り直したいとは思って居ない。間違があったりやり損ないをしたりしたにしても、自分の生涯を遣り直したいとは思って居ない。自分としては、出来るだけ良い満足な道を歩るいて来たと信ずる。同志社は私の為に建てられて、私の為に教育をして呉れ、又基督教を伝へて呉れたのである。それだけでも同志社の存在の理由は充分であると、自惚らしく聞えるかも知れぬが、自身は密かにさう思って居るのである。」(『創設期の同志社』22～23頁)

ここには同志社を第1志望にして入学してきた方もいるかも知れません。滑り止めだった方もいるかも知れません。

能武太にとって、同志社は人生の途上でたまたま出会った学

校にすぎず、本来は他の学校に行きたかったのであり、もともとは違った人生のコースを思い描いていたのでしょう。しかし、後になって振り返ったとき、能武太は自分の人生はこれでよかったのだと言います。そして同志社は自分の為に建てられた学校であり、自分の為に教育をしてくれたと語るのです。言い換えれば、同志社なくして今の自分はなかったということでしょう。同志社にとってそれは最大限の賛辞と言える言葉です。

　私は、皆さんにとっても、この同志社大学における四年間の経験が、能武太の感じたような意義深いものとなることを期待しています。

　正直に白状しますと、私自身、35年前にいささか勘違いのような感じでこの大学に入学し、最初の二年の間はいつやめようか、他の学校に移ろうかと思いながら過ごした人間です。いろいろな友人や先生との出会いがあり、学びたいこと・やりたいことが見つけられたおかげで何とか大学院まで進みました。しかし同志社が私の人生にとって掛け替えのない意味を持っていたと感じたのは卒業した後のことでした。今この学校で働いているからという理由だけでなく、歳を重ねる中で、私は学生時代に同志社から実に多くのものを与えられたことをいよいよ深く実感しています。

173

「万事が益となるように」

　今日、読んだ聖書の言葉は、私たちが知ると知らないとに関わらず、私たちの人生の背後に神の深い配慮が働いており、神はその愛と恵みによって私たちひとりひとりの人生を良きものとして取りはからってくださるということを語っています。人生というのは長く続いていくものですから、その局面の一部だけを切り取っただけでは、それが良いものなのか悪いものなのか、成功しているのか失敗しているのか、よく分からないことがあります。聖書は、「万事が益となるように共に働く」と語りますが、私たちの人生が、ほんとうに意味のあるものであり、ほんとうに良いものであったと実感できるようになるまでには、長いそして複雑な人生の経験とプロセスが必要なのだろうと思います。

　神は私たちひとりひとりに配慮し、いろいろと「益」になるものを備えてくださいます。私たちにとって、そのような神の配慮のひとつがこの同志社なのです。この同志社は神によって皆さんのために建てられたのであり、この同志社を通して神は皆さんの人生に関わろうとしておられるのです。

　自分の人生を振り返って、能武太が、「それだからと云ふて、余の過去の歴史を遣り直したいとは思って居ない。間違があったりやり損ないをしたりしたにしても、自分の生涯を遣り直し

たいとは思って居ない。自分としては、出来るだけ良い満足な道を歩るいて来たと信ずる」と語り、「同志社は私の為に建てられて、私の為に教育をして呉れ、又基督教を伝へて呉れたのである」と記したように、皆さんの人生の歩みにおいても、同志社で過ごす日々が有益な意味あるものとなることを願ってやみません。友だちや教職員の人々との出会い、様々な意味での学びと経験が、今日と明日の皆さんを形作っていきます。その背後には、私たちすべてのものを見守り、この同志社を見守りつづけてきてくださった神のまなざしがあることを忘れずに、与えられた日々を真面目に心豊かに過ごしてまいりましょう。

(2014 年 5 月 16 日)

「日本を〈戦前に〉取り戻す」
……ってか？
「剣を取る者は皆、剣で滅びる」
マタイによる福音書 26 章 52 節

「『剣をさやに納めなさい。剣を取る者は皆、剣で滅びる。』」
（マタイによる福音書 26 章 52 節）

「出陣記念」の碑

　今年、私たちの学校は同志社英学校創立以来 139 年目を迎え
ます。数えてみると同志社創立から 70 年後、そして今年から
逆算すると 69 年前が 1945 年にあたります。この 1945 年は日
本にとって第 2 次世界大戦、太平洋戦争に敗れた年というだけ
でなく、明治以来の大日本帝国の時代が終わった年であり、民
主主義や平和主義に立脚した新しい日本へと大転換を遂げた年
でもありました。

　同志社にとっての前半にあたる 70 年間は、日本という国が
「富国強兵」をスローガンとして近代化を遂げ、帝国主義諸国
の一角を占める存在として世界に乗り出していった時代に重な
ります。それは日本が日清、日露、そして中国をはじめとする
アジア諸国への侵略、さらに第 2 次世界大戦へのめり込んでい
く戦争の時代と重なります。

「出陣記念」の碑

　そういう時代にあって同志社もまた戦争と無関係だったわけではありません。幸か不幸か、現在の同志社には戦争の記憶をとどめる建築物とか記念碑といったものはほとんど存在しなくなりました。かつては現在の今出川キャンパスの大学図書館の前のあたりに、天皇の写真や教育勅語を収めた「奉安殿」が置かれており、学生や生徒はその前を通るときに一礼しなければならなかったといいます。

　現在、この同志社礼拝堂の隣に韓国の詩人ユン・ドンジュの碑が置かれています。同志社在学中の1943年、彼は朝鮮語で詩を書いたという理由で治安維持法によって逮捕され、1945年2月、福岡刑務所で獄死しました。ユン・ドンジュの碑は比較的最近建てられたものですが、同志社における戦争の記憶を間接的に伝える数少ない記念碑という意味でも大切なものと言えるでしょう。

　私が知っている同志社における戦争の記憶を伝えるもうひとつの記念碑として、1942年12月に建てられた小さな記念碑があります。この記念碑をほとんどの方は知らないと思うのですが、現在、京田辺校地と今出川校地を結ぶシャトルバスが発着する相国寺側の通路の一角にひっそりと置かれています。それは当時の学生有志が記念の植樹と共に残したもので、小さな石碑に「出陣記念」という文字が彫られています。この記念碑を残した方々がその後どうなったのか、私には分かりません。

「日本を取り戻す」？

　本日の奨励題には、前回の国政選挙で自民党が掲げた「日本を取り戻す」というスローガンを引用しました。この言葉を見たとき、「取り戻す」って、いったい何を取り戻すんだという疑問を持った人は多かったのではないかと思います。現在の安倍晋三首相は、第1次安倍政権で「戦後レジームからの脱却」とか「美しい国」とかいった、かなりイデオロギー的な色彩の強い言葉や情緒的な表現を使っていましたので、なんとなくそっちの方向に「取り戻す」と言っているんだろうなという印象は持っていましたが、実際に第2次安倍政権が始まって、今の政府がやってきたこと、やっていること、やろうとしていることを見ていると、それはつまり一言で言えば、「日本を〈戦前に〉取り戻す」ということなのかなと感じています。「アベノミクス」とか「集団的自衛権」といった主張は、要するに戦前の古くさい「富国強兵」と本質的に同じことを言っているわけで、経済力と軍事力に頼る国家を目ざしているのだと思います。現在、きわどいところに来ている「集団的自衛権」の問題というのは、日本が直接に攻撃されなくても、アメリカなどの同盟国を助けるために世界中どこにでも出て行って戦争するということであり、憲法9条を完全に骨抜きにすることにつながっています。それはつまり戦後69年間の日本の歩んできた歴史を否定する

ことであり、ふたたび「戦前」へと——この場合、「戦前」とは、1945年以前の「戦前」という意味と、そしてこれから起こるであろう「戦争の前／戦前」という意味のふたつを指しています——日本を、そして私たちを、引きずり込んでいくということです。

今の政府やそれに賛成する人々は、日本を取り巻く国際関係が変化したから、安全保障をめぐる状況が変化したから、「集団的自衛権」を行使する必要があるのだ、武力行使の準備をするのもやむを得ないのだと言います。たしかに隣国である中国や韓国との関係を含めて世界の状況が変化していることは事実です。しかしそれを言いたてる一方で、今の政府は、たとえば尖閣諸島のような領土問題において、危険きわまりない軍事的な駆け引きだけを繰り広げるばかりで、問題解決のための真剣な外交交渉に十分な力を入れてきたとは思えません。私にはまるで仮想敵国を作って国民の安易なナショナリズムをあおり立てているように見えます。一方で、自分から「危険だ、危険だ」とあおりたてながら、他方で、「だからいつでも戦えるようにしましょう、軍事力で押さえ込みましょう」と言う。それはマッチポンプの論理です。

国民を守る、国益を守るというなら、人も住んでいないような島のために戦争をするのではなく、3・11の原発事故以来、ふるさとを離れ自分の家にすら戻れないでいる多くの方々の生

活のためにまず全力を尽くす方が先でしょう。現に今そこにいて苦しんでいる国民を守ることもしない国家が、将来、起こりうる戦争で国民を守ってくれるなどとはとうてい信じられません。

　さらに重要な問題は、そうした文字通り歴史的な大転換にあたって私たち国民の意見がほとんどまったく顧みられていないということです。現在の政府は、憲法改正という手段ではなかなか自分たちの思い通りにことを進めることができないと判断したためか、首相を中心とする内閣による憲法解釈の変更という、自分たちに都合のいいやり方で、この国のかたちを根本から変えてしまおうとしています。

　戦争が起きたとき、戦場に送り込まれ、命を奪い、あるいは奪われるのは、私たち国民であり、とりわけ皆さんのように若い人々です。誰でもそんなことはイヤでしょう。イヤであっても、どうしてもしなければならないというのであれば、当事者の意見を聞くべきです。当事者の意見を聞くこともなく、戦争をする国にします、戦争に行ってもらいます、死ぬことも覚悟してもらいます……などということを一握りの権力者が勝手に決めるというのは、少なくとも民主主義を標榜する国家のやり方ではありません。

　ここには前回の衆議院選挙や参議院選挙で、まだ選挙権を持っていなかった人たちも大勢いるはずです。皆さんの意見はど

うなのでしょうか。

　今、私たちの国の政府がやろうとしていることは、その内容においても、その手段においても、絶対にまっとうなことではないと私は思っています。

ふたたび「出陣記念」の碑を作らないために

　イエス・キリストは言います。
「剣を取る者は皆、剣で滅びる。」

　日本はこの言葉が真実であることを多大な犠牲を払って69年前に学んだのではなかったでしょうか。日本だけでも数百万人、アジア諸国を含めれば数千万人という犠牲者を生んだ戦争の悲劇は、69年間で忘れ去られるものだったのでしょうか。この69年という歳月の中で、直接、戦争の悲惨を経験した世代の方々はごくわずかとなりました。皆さんのご家族の中でも戦争について話すことのできる方はもう少ないだろうと思います。

　同志社にも戦前、そして戦争の記憶を語る人々や記念となるものは少なくなりました。キャンパスはきれいになり、巨大な良心館をはじめ新しい建物がいくつも建ち並んでいます。その片隅にあって「出陣記念」の碑は今もひっそりと残っています。それはユン・ドンジュの碑と並んで、私たちに69年前の経験

181

を想起させます。それは歴史の真実を学び、今の時代と社会に対する正しい判断をなし、良心をもってそれぞれの人生を生きるようにと呼びかけるのです。逆説的な言い方をするならば、これらの記念碑は、この同志社に連なる私たちが二度と再びこうした記念碑を作る日が来ないようにと、それ自身が訴えているように思うのです。

　私たちの生きるこの時代と世界、とりわけ今、私たちの国が大きな曲がり角を迎えようとしているこの時に、私たちは歴史から学び、何が真実なのか、何が正しい未来へ続く道なのかを、しっかりと見定めなくてはなりません。

（2014 年 6 月 13 日）

愛によって互いに仕えなさい
共感する力、想像する力
ガラテヤの信徒への手紙5章13～16節

「愛によって互いに仕えなさい。律法全体は『隣人を自分のように
愛しなさい』という一句によって全うされるからです。」
（ガラテヤの信徒への手紙5章13～14節）

「愛によって互いに仕えなさい」

秋学期が始まりました。この学期のチャペル・アワーは統一
テーマとして、「愛によって互いに仕えなさい」というガラテ
ヤ書の言葉を掲げました。今学期最初のチャペル・アワーです
ので、今日はこの聖書の言葉について皆さんと一緒に考えてみ
たいと思います。

キリスト教では「愛」という言葉がしばしば出てくることは
皆さんもご存じだろうと思います。またこの場合の「愛」がい
わゆる男女間の恋愛や好き嫌いという意味で出てくるわけでは
ないということもご存じだろうと思います。

キリスト教で「愛」という場合、大きく分けてふたつの用い
方があると言っていいかも知れません。そのひとつは、神が私
たち人間とこの世界に対して注いでおられる無償の愛、無限の
愛です。神という絶対者から見れば取るに足りないような人間

ひとりひとりに対して関心を寄せ、慈しみ深いまなざしを寄せ、見返りを求めることなく、私たちに寄り添ってくださるという「神の愛」です。

もうひとつキリスト教でよく用いられる「愛」は、「隣人愛」のことです。これは私たちが隣人・他者に対して寄せる関心のことであり、神がそうであるように私たちもまた見返りを求めることなく、困難や苦しみを抱えている隣人のために行う「愛」のことを意味しています。

キリスト教の教えというのは、ごく簡単に言えば、このように神が私たちを愛してくださるのだから、それに応えて私たちも互いに愛し合って生きていこうということに他なりません。そういう意味ではごく単純な教えであり、ごく単純な宗教です。しかし実際にはそのごく単純なことがなかなか難しいというのが、私たちの世界の現実です。今学期のチャペル・アワーのテーマは、そういう意味で、誰にでも分かる、しかし誰にとっても困難なテーマを掲げていると言えるかも知れません。

「辛い経験が人と人の共感のもといとなり……」

さて今春、私は旧約聖書の入門的なクラスで使うためにテキストを一冊書きました。実を言うと、聖書学というのは私の専門分野ではないので、おそるおそる書いたのですが、ともかく

それを使って講義をしました。学期末にレポートを書いてもらったところ、少なからぬ数の学生がこの本の中で共感したところとして、次の箇所を挙げてくれました。

「辛い経験が人と人の共感のもといとなり、弱さが人と人とを結ぶ絆となる」（『旧約聖書の学び』99頁）。

私自身、このことは聖書の中の（あるいはまた聖書に限らず）、とても大切なメッセージだと思っているので、この文章を受け止めてくれた人が何人もいたのはとてもうれしいことでした。

私たちが経験した辛い出来事とか苦しい出来事、あるいは自分自身の持っている弱点や欠点、そうしたふつうはマイナスとしか思えないものが、他者・隣人の辛さや苦しさを思い遣る基礎となり、また人と人を結びつける共通の架け橋となるという思想。それは、ある意味では、「同病相憐れむ」とか「傷をなめあう」という否定的な印象で受け取られるかも知れないし、「弱者の思想」「負け犬の思想」「落ちこぼれの思想」と思われるかも知れません。しかし私にはこれがそんなふうに簡単に切って捨ててしまっていい考えだとは思えないのです。

私たちはふつう、より強くなるために、より大きくなるために、またより偉くなるために、がんばっているところがあります。精神的にも身体的にも、また経済的にも社会的にも、自立した人間となり、自主独立の人生を送るということ、それこそ大人になることであり、それは今ここにいる皆さんが目指して

いるひとつの目標であろうと思います。

それはそれでいいのですが、他方、強さとか大きさとか偉さ
を過度に求めるようになると、どうしても「自分」というもの
にばかりこだわるようになり、他者や隣人の存在、その苦しみ
とか辛さを思い遣る感性を弱めてしまう傾きが生じる気がする
のです。最初から他人のことなどどうでもいいという人生観に
立つのであれば、それはそれで勝手にすればいいのですが、し
かし私が最近あらためてつくづく思うのは、人間というものは、
結局、だれも独りでは生きていけないのだという事実であり、
さらに言えば、誰もがやがて歳を重ねていく中で必ず「弱い者」
となるのだという平凡な事実です。

「辛い経験が人と人の共感のもといとなり、弱さが人と人と
を結ぶ絆となる」というのは、そういう意味でけっこう普遍的
な真理であると私は思います。チャペル・アワーの統一テーマ
と結びつけるならば、「愛によって互いに仕えなさい」という
ときの「愛」とは、いわゆる「上から目線」から始まる愛では
なく、自分自身の苦しい経験をもとにして相手の苦しさを思い
遣り、想像し、共感することであり、そこから生まれてくる相
手への関心、配慮、行いということであると言えるでしょう。

学生から学んだこと

　皆さんもこれまで生きてきた中で、大なり小なり、イヤな経験、辛い経験、苦しい経験を味わってきたことがあると思います。そうした経験は深刻であればあるほど思い出したくない、忘れてしまいたいようなものかもしれません。

　私は大学という場で働いていて、学生の皆さんから、友人関係とか家庭に関わる問題や悩みを聞かせてもらうことがあります。そうした問題の多くはよくある問題であって、同じような話を聞くこともないわけではありません。

　しかし、「よくある」と言いましたが、苦しさとか辛さというのは、実際にはその人個人にとっての苦しい問題、辛い問題であって、ほんとうは一般的なことがらとして扱えるようなものではありません。ひとりの人間の味わう苦しみはいつでもユニークな独自の苦しみであって、ほんとうはその人にしか分からないものなのです。

　ですから、「私の苦しみは誰にも分からない」という言い方は、たしかにある意味では正しい表現です。しかしそれにもかかわらず、「誰にも分からない」はずのその人の苦しみを、私たちは私たち自身の苦しみの経験から類推して、「こういう苦しさではないか、ああいう苦しさではないか」と推し量ることはできるのです。人間に与えられているもっとも高度な、そしても

っとも人間的な能力のひとつは、おそらくそのように他者の苦しみや悲しみを「わがこと」のように推し量り想像する能力ではないかと思います。

プライバシーに関わるので具体的なことは言えませんが、私がこの大学で出会った学生たちの中には、幼少年期に味わった辛い経験、あるいは中学高校の時代に味わった苦しい経験を経て、同志社に入学してきた人たちが何人もいました。私の想像以上の厳しい経験をくぐり抜けてきた人の話を聞くこともありました。そういったいろいろな人たちがこの学校で学び、ここから出ていって、今も頑張って生きています。そうした学生たちの多くは、私の知る限りでは、他者に対してずいぶん優しい性格の人たちが多かったように思います。今申し上げたような、他者の苦しみや悲しみに共感する力ということに関して、私はそうした人たちに何度も驚かされ、また教えられる経験をしてきました。

隣人愛が世界を支える

辛い経験をした人がすべてそうなるとは言えないかも知れません。またそういう辛い経験を持たなかった学生の中にも、とても優れた感性と想像力を持って生きている人たちがたくさんいます。

いずれにしても他者の苦しみを感じとり、それに共感することから隣人愛ということが始まるのです。そしてそのように「想像する力」「共感する力」とは、私たちが日々接する人々や出来事に対してどのように向き合うか、どのように受けとめるかによって養い育てることのできる力でもあります。

想像力や共感力は決して生まれつきの能力ではありません。それは学びうるのです。習得することができるのです。こうした力は大学の成績評価の対象にはならないし、また対象とすべきものでもありません。しかしそれは人間としてもっとも高度な能力であり、それを身につけ育んでいくことは、人間としてもっとも大切なことなのです。

そのような力は、一見するとこの社会で何の役にも立たないかのように思われるかも知れません。そして世間の人々もそういう能力の大切さを、単なる「きれいごとに過ぎない」と皆さんに吹き込もうとするかも知れません。

しかしそんな言葉にだまされてはいけません。

私たちの社会を支えているほんとうの力、人間を生かす奥底にある力とは、互いに他者のことを想像する力、共感する力、そしてそこから湧き出てくる隣人愛なのです。それがまったくなくなれば、遅かれ早かれ、この社会は滅ぶしかありません。ある意味で、私たちのこの世がまだ滅びに至っていないのは、この世界のどこかで、誰かがまだ他者の苦しみや悲しみを思い

遣ることを続けているからです。どこかでまだ愛が生きており、活動しているからです。

　私たちが生きる上でのもっとも大きな課題は、この人間としてもっとも大切な力を学びつづけることです。想像力と共感力を育み、もし可能であるならば、どんなにささやかでどんなに小さなことであっても、隣人愛を行うように心がけましょう。それによって私たちはほんのわずかであっても、隣人と共に生きる喜びを知る者となり、この世界を奥底で支える愛の働きに参加する人間のひとりとなるのです。そしてまたそれはこの世界と私たちに対する神の愛に応えることでもあるのだということを、どうぞ覚えておいてください。

（2014 年 10 月 1 日）

道はひとつではない
「さまざまな道に立って、眺めよ」

エレミヤ書6章16〜17節

「さまざまな道に立って、眺めよ。
昔からの道に問いかけてみよ
どれが、幸いに至る道か、と。」　　　　　　（エレミヤ書6章16節）

「この道しかない」？

　今学期のチャペル・アワーの統一テーマは、「さまざまな道
に立って、眺めよ。／どれが、幸いに至る道か、と」です。エ
レミヤ書6章16節から取ったテーマです。

　このテーマの解説として、『チャペル・アワー案内』227号
の冒頭に私が短い文章を書かせてもらいました。まずそれを読
ませていただきます。

　「『この道しかない』。昨年の衆議院選挙で政権党が掲げた
このスローガンを見て、私の脳裏に浮かんだのが今回の聖書
の言葉でした。経済や政治といった社会的な事柄にせよ、私
たち一人一人の人生にせよ、『これしかない』『それ以外はア
ウトだ』ということはありません。色々な思想や行動、色々
な人間、色々な人生があるからこそ面白いし、世界は豊かに
なります。多様性の尊重は一つの道が行き詰まった時の選択

肢を確保しておくことでもあります。近年、私たちの周囲で自分の主張だけを声高に叫び、他者の存在を軽んじる風潮が強まっているように感じます。しかし自己絶対化は人間の最も愚かな姿であり醜い姿です。人が皆一つの道を歩み始め、一つの流れに巻き込まれていく時、私たちは大いに警戒しなければなりません。今日、『様々な道に立って、眺めよ』と語る預言者の言葉は、鮮やかなほどにリアルな響きを持った呼びかけのように思われるのです。」

今日、私がお話ししたいことはこの文章に尽きています。私が言いたいのは、今日の奨励題にもあるように「道はひとつではない」ということであり、この世界の多様性とひとりひとりの個性を尊重することが大切だということです。さらに同志社的な言い方をすれば「自主自立」の尊重であり、新島襄の言葉で言えば「ひとりは大切」という理念の尊重ということでもあります。

現代と聖書の世界

歴史は、権力者や傲慢な人間たちがしばしば、「この道しかない」と叫び、自分の主張を他の人々に押しつけようとすることが繰り返し起こったという事実を伝えています。

聖書は古い古い時代に書かれた書物です。しかしそこには実

現代と聖書の世界

にリアルな内容が含まれており現代的なメッセージが残されています。エレミヤ書は 2600 年ほど前に書かれたものとされていますが、そこには今申しましたような権力者や傲慢な人間が登場し、「この道しかない」と言わんばかりに自分の意見を主張し、人々や社会を動かしていった歴史が記されています。

　ここで私たちがよく覚えておかなければならないのは、指導者たちが「この道しかない」と突き進もうとした時、多くの人々もその流れの勢いに乗って、あるいは乗せられて、「この道しかない」かのように突き進んでいったという現実が存在したことです。

　そうした時代に、預言者エレミヤは大きな流れに抵抗し、警告を発し、もう一度立ち止まって考えてみよ、と告げたのです。

　エレミヤが生きた紀元前 6 世紀のユダヤ人社会は、きわめて難しい国際情勢のもとにありました。現在のパレスチナ地方の一角に存在したユダ王国は、ユダヤ人の最後の独立国家でした。東にも西にも巨大な国家が存在し、しばしば小さなユダ王国を脅かす事態が続いていたのです。そうしたコンテキストのもとで言えば、ここでエレミヤの語る「さまざまな道を眺める」というのは、厳しい情勢の中で政治や外交の舵取りをし、イスラエルの民が生きていく道を探ることを意味していたと言えるでしょう。

　ユダ王国の指導者たちは、国内ではナショナリズムと結びつ

193

いた改革運動を進めると共に、西方の巨大国家であるエジプトと同盟を結び、東方の巨大国家に立ち向かうという「道」を選び取りました。しかしこれは大失敗に終わりました。紀元前586年にユダ王国は東方の新バビロニア帝国によって征服され滅亡します。その後に続いたのが歴史上有名な「バビロン捕囚」という悲劇でした。敗北したユダヤ人の指導者たちは、敵国の首都バビロンに連れ去られ、およそ60年にわたって捕囚としての日々を送ることとなったのです。

預言者の働き

エレミヤが人々に向かって警告を発したとき、人々は彼を無視するだけでなく、嘲ったり、非難したり、果ては彼の命まで奪おうとしました。エレミヤも人々が自分に反対し攻撃するのを見て、恐れを抱き、嫌気がさし、何度もそうした預言者の仕事を辞めたいと思ったと書き残しています。

聖書に登場する「預言者」とは、いわゆる未来の出来事を占うという意味における「予言者」とは少し異なります。たしかにそういう面も含まれますが、たんなる未来予測ではなく、神から預かった言葉を人々に語ること、神の示す真実を語ることこそ、預言者の最大の特徴であり最大の仕事でした。預言者は自分が語りたいことを語るわけではなく、神が語らせようとす

ることを語る存在です。

しかしそうした預言者の言葉を人々がいつも喜んで受け入れるわけではありません。それが激しい反発や敵意を引き起こすこともありました。しかし預言者が預言者である以上、神が語らせようとする言葉を語らないわけにはいかなかったのです。

この私はもちろん預言者などという大それた存在ではありませんし、エレミヤのように打たれ強い人間でもありませんが、しかしキリスト者のひとりとして、また牧師の端くれとして、多少なりとも「神に命じられて真実を語る」ことを心がけるのは自分自身の使命であると思っています。

このチャペル・アワーでも時々申し上げてきましたが、私たちの生きている日本の社会がここ数年の間に実に急速なスピードで危うい方向に向かって進みつつあることを私は感じています。一昨年以来の特定秘密保護法の制定をめぐる経緯もそうでしたが、昨年の集団的自衛権をめぐる新たな閣議決定、それに続く現在進行中の関連法の整備、さらには近い将来に起こるであろう憲法改正に関する議論など、これまでの経緯を顧み、それらの行き着く先に何が待っているかを想像すると、決して安穏としてはいられない思いを抱いています。また対外的にも、もっとも近い隣国である韓国や中国との冷え切った関係、そしてそれをさらにあおり立てるようなヘイトスピーチに代表されるようないびつなナショナリズムの高まりにも懸念を覚えます。

もちろん先ほども言ったように、いろいろな人間がいること、いろいろなものの見方があること、いろいろな発言が認められること、そうした多様性の尊重や個性の尊重は大切なことです。しかし問題は、そうした多様性の尊重や個人の尊重そのものを押しつぶしてしまおうとするような雰囲気が、今の時代、私たちの社会の大きな流れとなりつつあるように感じられることです。

　ユダ王国の指導者が「この道しかない」と叫んだ時、多くの人々も、エレミヤの声を無視し、その「道」を突き進む流れに乗っていったということを、私たちは今こそ想起しなければならないのではないでしょうか。

大谷實総長のスピーチから

　そんなことを考えながら本日の奨励を準備していた時、ある方が語られたメッセージに出会い、共感を覚えると共に励まされるような思いを抱きました。それは同志社総長である大谷實先生が、つい先日行われた 2014 年度の同志社大学卒業式の式辞の中で語られたメッセージです。

　大谷先生は、新島襄が同志社創立 10 周年記念式典の式辞で述べた「諸君よ、人一人は大切なり」という言葉を引いて、これが個人の尊厳と尊重を「最も端的に」言いあらわした言葉で

あると語っておられます。そしてそれが、現在の日本国憲法が定める「すべて国民は、個人として尊重される」という言葉に通底するものであり、こうした個人の尊厳と尊重をうたう「個人主義」は、かつて日本と周辺諸国・地域に未曾有の惨禍をもたらした太平洋戦争の時代の「全体主義あるいは天皇中心主義」に対する深刻な反省の上に立つものであり、それまでの全体主義や天皇中心主義を「180度転換して」生み出された理念であったと語っておられます。

さらに、近年、自民党・安倍政権は憲法の改正に「並々ならぬ」意欲を燃やし、その改変の一部として、自民党憲法草案において個人の尊重と尊厳を制限する方向の文案を盛り込んでいるという事実を指摘しています。自民党の草案の解説によれば、従来の憲法における個人の尊厳と尊重の強調が、悪い意味での「個人主義を助長してきてきた嫌いがあるので改める」のだそうです。これに続く部分の大谷先生の文章を引用します。

「今日の価値の根拠となっている個人主義を、柔らかい形ではありますが、改めようとしているのです。このことは、これまで明確に否定されてきた全体主義への転換を目指していると言ってよいかと思います。」

「先にも申した通り、日本国憲法は、個人主義を正面から認め、人間社会におけるあらゆる価値の根源は、国や社会ではなく、一人一人の個人にあり、国や社会は、何よりも、一

人一人の個人を大切にする、あるいは尊重するといった原理であると考えています。」（「総長スピーチ集」より）

自民党の憲法草案は、全体としてみても、個人より社会や秩序優先の思想が現れているとして、大谷先生は「にわかに賛成できません」と述べた上で、「私は、個人主義こそ民主主義、人権主義、平和主義を支える原点であると考えています」と明確に述べておられます。

神に与えられた良心に基づいて

「バビロン捕囚」というユダヤ人にとっての国家滅亡以降の民族的悲劇はおよそ60年にわたって続きました。今年、私たちの国も第二次世界大戦に敗れてから70年目を迎えます。

ひとつの国家や民族が転換期を迎えるに際して、60年とか70年というのはなかなか意味深い年月なのかも知れません。それだけの時間が過ぎれば、敗戦を実際に体験した人々、過去の悲劇を体験した人々は、もはやごくわずかしか残っていないはずです。ほとんどの人がそうした過去を忘れ去ってしまったとき、いったい何が起きるのでしょうか。今、私たちの社会で起こっていることは、いったいどういう意味を持ち、どこに繋がっていくのでしょうか。「この道しかない」と言わんばかりの政府や為政者の姿を目にしながら、かつて私たちの国が歩ん

だ「いつか来た道」を連想したのは、私だけなのでしょうか。

　私たちは、耳を澄ませ、目をこらして、今この時代に何が起こりつつあるのかを良く見きわめ、考えなければなりません。そして神から与えられた良心に基づいておのおの語るべきことを語り、なすべきことをなす者でありたいと思うのです。

（2015年4月8日）

平和と安全への道、ただし戦争経由
世界に冠たる日本ブランド

マタイによる福音書 26 章 47 〜 52 節

「『剣を取る者は皆、剣で滅びる。』」

（マタイによる福音書 26 章 52 節）

戦後 70 年目の夏

　戦後 70 年目の夏、この国は大きな岐路を迎えようとしています。これまで 70 年間、まがりなりにも「戦争をしない国」として歩んできた日本が、外国と共に「戦争する国／できる国」に変わろうとしているのです。政府が「安全保障法制」と呼ぶ 11 本もの法案が国会で一括審議されており、他方、反対する人々がこれを「戦争法案」と呼んでいることは皆さんもご承知の通りです。

　私も国会審議や新聞報道など、今回の法案について大きな関心を持って見つめてきましたが、今もってこの法案・法制の全貌、内容が分かりません。要するに、これまで憲法で禁じられているとされてきた「集団的自衛権」を解禁し、日本の自衛隊がアメリカを初めとする他の国々の軍隊と共に、世界中、グローバルな規模で軍事的活動に参与できるようにするということが大きな焦点ですが、勉強すればするほど、いったいいつ・だ

200

れが・どのようにして・そのような重大な判断を下すのか、そして何が・どの程度まで・出来るのか・出来ないのか……。まったく分かりません。解釈によっては、すべては時の為政者の判断次第というような危険きわまりない法案に見えるのです。

先日、衆議院においてこの法案が強行採決され、参議院に送られました。その時、安倍首相は、「国民の理解が進んでいる状況ではない」と認めました。しかし私の考えでは、別の意味で、「国民の理解は大いに進んでいる」ように思うのです。国民がこの法案の大きな問題に気づき始めていることの結果が、安倍首相の嘆きに繋がっているように思います。

さらに言えば、私たち国民が気づき始めていることは、この法案の危険性ということばかりでなく、国民の声を聞こうともせず、マスコミや報道機関に対して恫喝的な言動を繰り広げながら、自分たちの主張だけを押し通そうとする政府や与党の姿の危険性ではないかと思います。私たちの国が戦後70年間にわたって守り続けてきた基本的な価値観や制度、すなわち、「立憲主義」をはじめ、「国民主権」、「民主主義」、「個人の尊重」といった根本的な枠組みがなし崩しにされようとしている危険に人々が気づきはじめているということなのではないかと思うのです。

大学教員として〜学問の力

　今回、この安保法制の問題を見つめながら、私自身もいろいろなことを考え、また気づかされました。そのひとつは、大学の教員のひとり、研究者のひとりとして、あらためて学問の持つ力、きちんと学問することの大切さということを思いました。

　皆さんも覚えておられるでしょうが、この法案の内容をめぐって国会で細かい議論が進められていた6月4日のことです。衆議院の憲法調査会に参考人として招かれた3人の憲法学者が全員、今回の集団的自衛権は憲法違反であると明言し、日本中に衝撃が走りました。そもそもこれが違憲立法であるなら、最初から国会で議論するような事柄ではないのです。これにあわてふためいた菅官房長官が「合憲と認める憲法学者もたくさんいる」とコメントを出しました。結局、彼は3人しか名前を挙げることができず、数百人に及ぶ圧倒的多数の憲法学者は違憲という意見を明らかにしました。官房長官はその後で言いました。「数は問題ではない。」（？）

　私は学問というものの力、研究者の良心というものを、久しぶりに見たような気がしました。3人の憲法学者の中には改憲論者の方も含まれていたのですが、そうであっても今回の安保法制の持ち出し方・やり方は法学の理論からしてあまりにも異常であり、容認できるものではないということを、率直に指摘

したのです。

　この成り行きを見ていて、私は「裸の王様」という童話を連想しました。「この法案は違憲です。」「王様は裸です。」周りの人々は、その一言で事実に気づかされるのです。学問には力があります。良心に裏付けられた学問は大きな力を持っています。私は今回、そのことに改めて気づかされた思いがしました。（皆さん、真剣に勉強しましょう！）

キリスト者として～「平和を求める祈り」

　もうひとつ、私が今回、改めて考えたことは、キリスト者のひとりとして、平和の問題をあらためて見つめ直すということです。

　今日、受付で「戦後70年にあたって平和を求める祈り」という文書を配らせていただきました。これは日本基督教団というプロテスタントの教団が発表したものです。私はこの教団に属する牧師であり、同志社大学神学部を卒業した牧師の多くもこの教団に属しているので、同志社にとってもゆかりの深い教団と言えるでしょう。

　日本基督教団は1941年（昭和16年）6月に結成されました。つまり太平洋戦争の始まる半年前、急遽、プロテスタント系の諸教派・諸教会が大同団結して作られたのです。当時、国は戦

争を遂行するために国民生活のあらゆる次元を一括して統制管理する政策を推し進めていました。キリスト教会の側もこうした意図を受けて、国家に協力し、自己の保身に走った面があります。この「祈り」の最初に記された、「私たちは戦後70年にあたって、アジア・太平洋戦争時、日本の戦争遂行に協力し、多くのアジア諸国の民に多大な苦しみを与えたことを悔い改め、二度と同じ過ちを犯すことがないために、……」という部分に、そうした過去の過ちが記されています。

　教会が国家と一体化したり、国家から恩恵を受けたりする状況のもとでは、教会は国家の行う戦争に反対することができなくなります。かえって教会が国家の行う戦争に神の名でお墨付きを与えたり、戦争の勝利を神に祈るということが行われました。日本基督教団はこうした過去の過ちを踏まえて、今回の安保法案と政府の態度に対して、「祈り」というかたちで警鐘を鳴らしているのです。

　今日、読んだ聖書にあるように、イエス・キリストは「剣を取るものは、剣で滅びる」と言いました。私たちの国は70年前に、この言葉が真実であることを学んだはずです。70年たって、その真実は真実でなくなったということなのでしょうか。そんなことはありません。「剣を取るものは、剣で滅びる。」私たちはこの真実を、今いちど深く胸に刻み、そしてはっきりと声に出して語らなければなりません。

「平和国家・日本」というブランド

　現代世界で戦争や武力によって平和や安全が達成できないことは、今のアメリカの姿がそれをもっとも如実に示しています。戦争は報復を生み、テロを生み、果てしない憎しみの連鎖を生みだしています。その連鎖に経済的にも軍事的にも疲弊しきったあげく、手の回らなくなってきた部分を日本にも負担させようというのが、今回の安保法制の正体ではないのでしょうか。安倍首相が日本国民に語りかける前に、まずアメリカに行ってこの法案の成立を約束してきたという事実が、何よりもこの法案の本質をはっきり示しています。私の印象では、一方にこうしたアメリカの外圧的なニーズがあり、他方には国内で、軍事的プレゼンスを含む国家主義的・大国主義的な日本という時代錯誤的な幻想を抱く人々がそれに呼応しているといった風景が見えてきます。こうした風景の先にいったい何が立ち現れてくるのか、どうぞ想像してみてください。

　かつてこの礼拝堂で、ペシャワール会の中村哲さんが講演してくださったことがあります。中村さんに限らず、ＮＰＯなどで海外で活躍する多くの人々が語ってくれたことは、日本という国が70年間にわたって戦争をしなかったという事実、「平和国家・日本」というイメージが、どれだけ現地の人々の信頼を勝ちえているか、そしてNPOの働きにおける貴重な財産とな

っているかということです。

　「世界に冠たる日本ブランド」とは自衛隊や軍事力のことではありません。それは私たちが平和憲法のもとで70年にわたって培ってきた「戦争をしない国」というブランドであり、それによって世界の人々から寄せられる信頼です。このブランドと信頼によって日本が世界でなしうる働きというのは、実は私たち日本人自身が想像するよりもはるかに大きな潜在的可能性を秘めていると私は信じています。このブランドは、日本のみならず世界のすべての国々が、文字通りグローバルなレベルで目指すべき未来を先取りしているのです。このブランドを捨てるべきではありません。

　「平和と安全への道」を世界のすべての人々が願い求めています。ただしそれは「戦争経由ではない道」でなければなりません。この夏、そのような道を選び取るために何がほんとうに必要なのか、私たちに何が出来るのかを考え、祈り、実践したいと思います。

（2015 年 7 月 24 日）

あとがき

　本書は私が同志社大学のチャペル・アワーで担当したメッセージ
をまとめた奨励集です。

　私が所属するキリスト教文化センターでは、キリスト教主義大学
である同志社の学生、教職員、さらには地域の方々を対象として、
キリスト教や建学の精神について学ぶ Doshisha Spirit Week、同志
社ゆかりの地である熊本や安中・会津へのキャンプ、公開講演や各
種の講座を提供する「オープン・プログラム」、いろいろな音楽コ
ンサート、そしてクリスマスの時期の特別プログラムなど、様々な
企画を実施しています。また私は教員としていくつかのキリスト教
入門的な講義を担当しています。しかしなんといってもキリスト教
文化センターの中心的な活動はこのチャペル・アワーのひとときで
あり、私にとってそのメッセージを担当することはもっとも重要な
仕事のひとつです。

　私が今の職務に就任した 2002 年以来、チャペル・アワーは、そ
の回数や時間帯なども含めていろいろな変化が生じました。現在は
今出川校地と京田辺校地というふたつの場所で、火曜・水曜・金曜
に毎週合計 6 回のチャペル・アワーが行われています。地域の牧師、
教職員、そして学内外のいろいろな方々がメッセージを担当してく
ださいます。学生の参加はまったく自由ですので、ごくわずかな参
加者しかいない時もあれば、100 名を超える人々が集まる時もあり
ます。いずれにしてもキリスト教主義学校の生命線とも言える活動
として、また学生、教職員、その他の方々に分かりやすく、そして

あとがき

意味深いかたちでキリストの福音を伝える場として、このチャペル・アワーをこれからも大切にしていきたいと考えています。

　私の場合、メッセージを担当する上で、次の三つの点を意識するように心がけてきました。まずキリスト教的・聖書的であること。第2に学生の置かれている状況や経験を念頭に置くこと。そして第3に現代の社会や現実の問題を反映するものであること、です。私にとって、これら三者は決して別々のものではありません。チャペル・アワーでメッセージを語るということは、ある面から見れば、キリスト教や聖書を通して学生やこの世界の問題の本質をより深く考えてみることであり、別の面から見れば、学生や世界との具体的な出会いを通してキリスト教や聖書を新たに捉え直していくことです。実際のところ、大学におけるいろいろな学生との出会いは、私自身のキリスト教理解にいくつもの新しい光を当ててくれました。本書の中のいくつかのメッセージは、そのようにして私が学生から教えられたこと・学んだことの中から生まれてきたものです。この場を借りて、そうした学生の皆さんに感謝いたします。

　今回、本書をまとめながら、これらのメッセージがこの10年あまりの大学や社会の出来事、そして私自身の歩みの記録のようなものになっていることを感じました。日記をつける習慣のない私にとって、このことはそれぞれの時と場で自分が考えていたことをあらためて見つめなおし、思いめぐらす機会となりました。それと同時にこれらのメッセージを踏まえながら、日々、リアルタイムで押し寄せてくる様々な問題に向き合っていこうという思いを新たにいたしました。そうした意味で、本書は私自身のこれまでとこれからに

対するひとつの指標となるものであろうと感じています。

　最後になりましたが、チャペル・アワーに参加しメッセージを聞いてくださった学生、教職員、その他の方々に感謝します。同志社大学キリスト教文化センターの歴代のスタッフの方々に感謝します。そして本書の出版をご快諾いただいたキリスト新聞社社長・金子和人氏に感謝いたします。

2015 年 10 月 16 日

越川 弘英

こしかわひろひで
越川弘英

1958年、東京に生まれる。同志社大学神学部、シカゴ神学校卒業。日本基督教団巣鴨ときわ教会牧師を経て、現在、同志社大学キリスト教文化センター教員。季刊『Ministry（ミニストリー）』編集主幹。

【著書】
『今、礼拝を考える―ドラマ・リタジー・共同体』、『十字架への道、復活からの道―レントとイースターのメッセージ』、『キリストの生まれるところ―アドヴェントとクリスマスのメッセージ』、『聖霊降臨と神の民―ペンテコステと行事暦のメッセージ』、『(編)聖霊の降臨―使徒の働き、初期教会の歩み』、『(編)「健康な教会」をめざして―その診断と処方』、『礼拝探訪―神の民のわざ』、『旧約聖書の学び』〈日本図書館協会選定図書〉(以上、キリスト新聞社)他

【訳書】
ポール・バスデン『現代の礼拝スタイル―その多様性と選択を考える』(共訳、キリスト新聞社)他

DTP制作：エニウェイ
装丁：吉林　優

すてたもんじゃない――同志社大学チャペル・アワー・メッセージ

2015年11月10日　第1版第1刷発行　　　　　　　　©越川弘英2015

著　者　越　川　弘　英
発行所　キリスト新聞社
〒162-0814　東京都新宿区新小川町9-1
電話03-5579-2432
URL. http://www.kirishin.com
E-Mail. support@kirishin.com
印刷所　モリモト印刷

ISBN978-4-87395-685-5 C0016（日キ版）　　　　　　　Printed in Japan

キリスト新聞社

次世代の教会を ゲンキにする 応援マガジン

ひろがる、 つながる、 おもしろがる。

Ministry ミニストリー 季刊

季刊・年間4冊（5、8、11、2月の10日発行）

グラビア、コラム、 書評、漫画… ビジュアル重視で 多彩な企画と執筆陣！

本体 1,500 円＋税
※毎号確実に読める定期購読をお勧めいたします。
▶年間購読料 6,000円

詳しくは http://www.ministry.co.jp/

Facebookでも最新情報GET！ ▶http://www.facebook.com/ministry.co.jp

旧約聖書の学び

越川弘英●著　　A5判・266頁・1,800円

【日本図書館協会選定図書】
これでわかる！　旧約聖書の基礎知識。
リアルな聖書を丁寧に読み解く。

礼拝探訪 神の民のわざ

越川弘英●著　　四六判・306頁・2,400円

現代日本における様々な教派・教会の礼
拝の現場を著者自ら取材。

よくわかるキリスト教の**教派**

今橋朗、徳善義和●著

A5判・160頁・1,600円

日本にある数多くのキリスト教の教派を、それぞれの歴史的背景や特色などを整理して、必要最低限な情報を提供するハンドブック。

よくわかるキリスト教の**暦**

今橋朗●著

A5判・122頁・1,200円

キリスト教の暦は、キリスト者の生活のリズム。地域や文化の中で様々に展開し、人々の生活の中で歳時記となり、季節感を豊かに彩ってきた暦とはどのようなものか。その構造と意味や歴史を解説する。

よくわかるキリスト教の**礼拝**

小栗献●著

A5判・164頁・1,400円

「初めて教会の礼拝に行く人のために」とのコンセプトで全体が構成されており、また、礼拝式順序に従って基本的なことが丁寧に説明されている。初心者からベテランまで使える、「礼拝」が分かる必携の書。

書籍の場合、重版の際に定価が変わることがあります。価格は税別。